シードブック
相談援助演習

植田　章　編著

射場美惠子・大西雅裕・岡本晴美
杣山貴要江・林　悠子・山本衣子　共著

建帛社
KENPAKUSHA

はしがき

　本書は，2011年度から新しくなった保育士養成課程の演習科目「相談援助」の教授内容に沿い編集されている。「相談援助」の科目が「保育の本質・目的に関する科目」のひとつとして位置づいていることから，①相談援助の概要について理解する。②相談援助の方法と技術について理解する。③相談援助の具体的展開について理解する。④保育におけるソーシャルワークの応用と事例分析を通して対象への理解を深める。以上の4点を学習目標とした。しかし，単なる社会福祉の方法・技術の概説書ではなく，保育実践や保育所を取り巻く環境，親の抱える生活問題ときり結んでソーシャルワークの現実と理論的内容，その実践的課題について学ぶことができるものをめざした。また，「序　子育て支援と相談援助」でふれたが，子育て困難が社会問題とされる現在，子育て支援のための援助論として，大切な点が多く述べられている。

　そういった趣旨を的確に反映できるように，執筆陣は，保育・福祉現場に根ざした実証的研究を進めている方々にお願いした。

　なお，本書は，冒頭に記したとおり，主に短期大学・四年制大学等の保育士養成課程の学生を念頭に相談援助のテキストとして編集したが，保育士養成に限らず，広く社会福祉の方法・技術を学ぶテキストとしてもご活用頂ければありがたい。

　最後に，本書の企画・編集に際し，建帛社の根津龍平氏には大変お世話になった。ここに感謝の意を表したい。

2011年8月

編　者　植田　章

もくじ

序　子育て支援と相談援助 …………………………………………… *1*

第1章　ソーシャルワーク実践の発展過程 ……………………… *5*
1. ソーシャルワーク実践の成立 ………………………………… *5*
   (1) YMCA，慈善組織協会の活動 ……………………………… *5*
   (2) セツルメント運動 ……………………………………………… *7*
2. ソーシャルワークの専門化の確立に向けて ……………………… *8*
3. ソーシャルワークの再編と統合化 ………………………………… *10*
4. 近年におけるソーシャルワーク実践の理論 ……………………… *12*

第2章　ソーシャルワークの定義と機能・構成要素 …………… *15*
1. ソーシャルワークの定義 ……………………………………… *15*
2. ソーシャルワーク実践の機能と構成要素 ……………………… *16*
   (1) ソーシャルワーク実践とは何か ……………………………… *16*
   (2) 社会福祉の機能 ……………………………………………… *17*
   (3) 社会福祉の構成要素 ………………………………………… *18*

第3章　相談援助の基本と原則 ………………………………… *22*
1. 相談援助の基底にあるもの …………………………………… *22*
2. 相談援助における対人援助の原則 …………………………… *24*

第4章　ソーシャルワークの視点で子ども・保護者を支援する …… *28*
1. なぜ，ソーシャルワークの視点が必要なのか ………………… *28*

(1)「子育て」をめぐる現代社会の状況―「つながり」の希薄な社会
　　　　　　　　　　　　　　　　　　　　　　　　　　　　　　　　　　 28
　　　(2) 保育におけるソーシャルワークの必要性―人と環境との相互作用
　　　　　　　　　　　　　　　　　　　　　　　　　　　　　　　　　　 33
　　2. 保育において求められるソーシャルワーク機能の位置づけ ………… *35*
　　　(1)「保育士」の国家資格化―ソーシャルワーク機能を付加した
　　　　　保育実践へ………………………………………………………………… *36*
　　　(2) 地域の子育て支援へ―保育者の役割の多様化，深化・拡大……… *37*
　　3. 保育におけるソーシャルワーク ……………………………………… *39*
　　　(1) 保育におけるソーシャルワーク…………………………………… *39*
　　　(2) 保育者に求められる倫理観………………………………………… *40*

第5章　ソーシャルワーク実践の方法と技術 ……………………… *45*
　　1. ソーシャルワーク実践の体系 ………………………………………… *45*
　　　(1) 子ども・保護者を支援する視点…………………………………… *45*
　　　(2) ソーシャルワーク実践の体系……………………………………… *53*
　　2. ソーシャルワーク実践の援助過程 …………………………………… *57*
　　　(1) ソーシャルワーク実践の援助過程………………………………… *57*
　　　(2) ソーシャルワーク実践を支える道具……………………………… *60*
　　　(3) 事例を通して考えるソーシャルワーク実践……………………… *63*
　　　　［演習1〜8］
　　3. 子ども・保護者へのエンパワメント・アプローチ ……………… *80*

第6章　相談援助の具体的展開 ……………………………………… *85*
　　1. 計画・記録・評価 ……………………………………………………… *85*
　　　(1) 保育実践過程における計画・記録・評価………………………… *85*
　　　(2) 保育の場での保護者への相談援助計画…………………………… *87*
　　　(3) 保護者への相談援助における計画………………………………… *88*

（4）保護者への相談援助活動における記録 …………………………… *91*
　　（5）保護者への相談援助活動における評価 …………………………… *96*
　　（6）相談援助における保育者の倫理 ……………………………………… *98*
　　　　コラム：保護者との関係　コラム：保育要録 ……………………… *100*
　2．関係機関との協働 ………………………………………………………… *101*
　　（1）児童相談所 …………………………………………………………… *102*
　　（2）福祉事務所 …………………………………………………………… *104*
　　（3）保健所・市町村保健センター ……………………………………… *105*
　　（4）児童家庭支援センター ……………………………………………… *106*
　　（5）教育委員会 …………………………………………………………… *106*
　　（6）社会福祉協議会 ……………………………………………………… *106*
　　（7）婦人相談所（女性相談所）・配偶者暴力相談支援センター ……… *107*
　3．多様な専門職との連携 …………………………………………………… *108*
　　（1）保育所保育士と専門職との連携 …………………………………… *109*
　　（2）施設保育士と専門職との連携 ……………………………………… *111*
　　　［演習9］
　4．社会資源の活用，調整，開発 …………………………………………… *113*
　　（1）社会資源とは何か …………………………………………………… *113*
　　（2）社会資源の種類，分類方法 ………………………………………… *115*
　　（3）社会資源の調整 ……………………………………………………… *118*
　　（4）社会資源の開発 ……………………………………………………… *119*
　　　［演習10］

第7章　事例研究 …………………………………………………………… *125*
　1．保育所における親支援・家族支援 ……………………………………… *125*
　　（1）「子育て」を取り巻く社会環境の変化について ………………… *125*
　　（2）保育所における親支援・家族支援の実際 ………………………… *127*
　2．児童福祉施設における保育者の実践と生活支援 ……………………… *143*

3. 事例を通した演習 …………………………………………………… *148*
　(1) 保育者集団づくり・保育課題の見直し・子ども同士の育ち合い… *148*
　　［演習 11］
　(2) 保育の可能性と限界を見極める―環境づくりの視点から………… *153*
　　［演習 12］
　(3) 保護者支援………………………………………………………………… *158*
　　［演習 13］
　(4) 保育を通して気づいた発達のつまずき……………………………… *162*
　　［演習 14］
　　コラム：「共に育つ」ということ ………………………………………… *165*

さくいん……………………………………………………………………… *167*

 # 序　子育て支援と相談援助

　近年，子育て困難が社会問題としていわれるようになって久しい。子どもの虐待事件や育児放棄が後を絶たず，社会で子育てを支えることが求められている。しかし，そもそも現代の子育てを困難にしている要因とは何であろうか。

　まず，考えられるのは，社会構造の変容に伴う地域関係の希薄化である。かつて子どもは近隣の人々の眼差しの中で育てられ，それは子育てをする親自身も包み込むものであった。密接な地域関係のあった頃の話でよくいわれるように，たとえば，やんちゃばかり（いたずらばかり）する子どもは，親からだけでなく近所の大人たちにも叱られたといったように，その成長は地域全体に見守られていたのである。しかし，こうした地域関係が存在していたのは50年前のことである。地域関係の希薄化は昨今の子育て困難の要因の一つではあるものの，それだけではないだろう。ただし，周囲の人に対する「無関心」が強まってきていることは指摘できる。自分のこと以外には興味・関心がないという人は増えているだろうし，気になりながらも「無関心」を装っている人もいる。そうした中で，子育て困難が発見されにくい状況が生まれている。

　つぎに，親の労働の変化がある。長時間労働，変則勤務，過密労働といったことが社会問題として取り沙汰されているが，こうした労働についていた親は，「かつて」も存在していた。したがって，それが直接の原因とはいえないまでも，こうした状況に置かれている親を支える「何か」がなくなっており，そのことが子育て困難の要因になっていると考えられる。また，昨今でいえば，派遣をはじめとした不安定雇用やワーキングプアといった新たな労働問題も生まれ，子育て以前に，親自身が生活や人生に強い不安を感じるようになっている。

　さらに，子育てを身近で支えるべき家族の関係は，親密な関係を築いている家族がいる一方で，「崩壊」している家族もある。つまり，親（祖父母）の支援を日常的に受けることのできる子育て家族がいれば，長い間親と連絡を取り合っていないなど，お互いのことに無関心な家族もいる。

　こうした状況，つまり，崩壊した地域関係や家族関係，新たな労働問題の発生を受け，子育てを社会で支えようという動きが出てきた。それが「子育て支

援」である。しかし，その制度・しくみも十分とはいえない。たとえば，直接親から訴えや相談が持ち込まれなければ社会や行政の側は，そこに子育て困難があることを知ることもできない。また，介護をはじめとした高齢者問題が少しずつ「社会化」されてきたのに比べて，子育ては，いまだに家庭の責任で行うものとの考えがあり，子育て支援のしくみもそれを前提としたものとなっている。つまり，どこに支援が必要なのか，そもそも知ろうとする姿勢がないしくみといえる。

ただし，子育てに関する情報や道具（ツール）は，以前にも増して整えられてきている。インターネット上の子育てサイトや豊富な育児書，便利な子育てグッズなどである。ところが，親たちが日々の子育ての中で感じる不安や悩みは，直接，誰かに聴いてもらうだけで和らぐことも多い。したがって，こうした情報やツールが整えば解決できるとはいえないのである。

一人ひとりの子どもの育ちに深くかかわってきた保育者たちは，日々の保育実践を通して，地域のすべての親を対象とした子育て支援の必要性に迫られ，園庭開放事業，育児相談，子育て支援サークルの組織など，さまざまな取り組みを先駆的に進めてきた。そして，保育者が親の相談にほんの少し応えることで，問題解決に向かうことができるような育児不安が多いことがわかってきた。こうした保育現場からの手探りの取り組みが，子育て支援を今日的な課題として政策的・運動的にクローズアップさせてきたのである。

言うまでもなく，子どもたちは次世代の主権者である。明日の社会の担い手にふさわしい人格形成をめざして，子どもたちの発達を援助する責任を保育者は担っている。「子どもが最善の利益を受けること」が「社会にとって最も優先して実現すべき課題のひとつ」であるという「子どもの権利条約」の視点を重ね合わせても，子育て支援はきわめて一般的・普遍的課題といえる。

また，上述した通り地域や家庭の子育ての機能が低下しているいま，子育て支援の対象も，共働き家庭などの親子に限られるものではない。保育所の子育て支援に期待する基盤は広く存在している。その期待に応えるためにも，子育て支援の具体的な取り組みとあわせて，親の育児不安，子育て困難といった個別の問題に対してもしっかりと受け止め，解決に導くことができる力量が保育者には必要になってきている。従来の保育所には，「親を育てる」という視点

はあまりなかった。つまり、親支援を含む子育てという日常的な営みを支援する取り組みは、保育者にとっては新しい課題といえる。この間の取り組みを振り返り、どのような支援が効果的なのかといったことも含めて検討を重ねていく必要がある。

　また、子育て支援は保育所に限らず、幼稚園や保健所、学童保育所、児童相談所、児童養護施設、病院の小児科や相談室など多くの施設や機関で、さまざまな職種がかかわり行われている。そのような中で、保育所での子育て支援は、これまでの保育実践を土台に、子どもの育ちとかかわって行われているところに特徴がある。保育者たちは子どものわずかな変化に着目し、親を励まし、不安や悩みに共感しながら、親子が自信をもって歩んでいくことを支えてきた。その際、保育者には、保育の知識や技術だけでなく、さまざまな親の訴えに耳を傾け、困難な状況に寄り添いながら親とのよりよい援助関係を形成していくことが求められている。保育者の援助が独り善がりな上辺だけのかかわりで終わってしまうことがないようにするためにも、相談援助の知識と技術の基本について学んでおくことは重要であろう。

　そういう意味で本書は、子育て支援のための援助論として大切な点について述べられている。

　こうした社会背景も念頭に入れながら、「相談援助」について学んでいこう。

第1章
ソーシャルワーク実践の発展過程

1. ソーシャルワーク実践の成立

(1) YMCA, 慈善組織協会の活動

　ソーシャルワーク実践の伝統的な方法は，19世紀末から20世紀初めにかけてのイギリスやアメリカで行われてきた慈善組織協会やセツルメントなどの民間機関の援助活動にその起源を求めることができる。イギリスでは，1601年に「救貧法」が制定され，それまで主に教会が行っていた貧困者への救済活動が一定制度化されている。ただし，救貧法は貧民による暴動や強奪を未然に防ぎ，社会の安定を図ることを第一の目的にしている。また，貧困の要因は当事者の「怠惰」や「浪費」であるとする当時の社会の貧困観を背景に，労働能力を有する貧民をワークハウスで強制的に労働させるなど，いわば，「貧民対策」というよりは「見せしめ」としての要素が強い内容であった。その後，18世紀の終わりから19世紀にかけて産業革命が起こり，資本主義経済の体制が確立していくもとで，農村の人々が賃労働者として大量に都市部に流入し，工場労働に従事するようになった。経済活動を優先する資本のもとでは，低賃金はもちろんのこと，その労働環境はきわめて劣悪で，早朝から深夜に及ぶ長時間労働と不衛生な住環境によって，人々は健康までも蝕まれることになった。

　このような社会状況の中で，1844年には，イギリスのロンドンでウィリアムズ（Williams, G.）らによってキリスト教青年会（YMCA；Yong Men's Christian Association）が設立されている。YMCAは，主に青少年を対象に，キリスト教の精神に基づいたさまざまな社会活動やクラブ活動を通して，人間らしい生活を送るための精神的な指導を行っている。これらの活動は青少年の

自発的な集団による交流を基礎として展開され，今日のグループワークの源流といわれている。

　さらに，1869年には，同じくロンドンに慈善組織協会が設立されている（厳密には，1869年4月に「慈善的救済の組織および乞食抑圧のための協会」が設立し，翌年，慈善組織協会という略称を採用した）。これまで貧困層への慈善的な救済は，教会や資産家といった団体や個人によって私的，個別的に行われていたが，慈善組織協会はこれらの援助を組織化して実施した点に特徴がある。具体的には，救貧法の地区単位ごとに地区委員会を組織し，要保護者の個別訪問調査と記録，登録を実行し，それぞれの慈善団体の連絡調整を行うことを主たる任務としている[1]。

　一方，アメリカでは，17世紀に入ると，イギリスやスペイン，フランスなどのヨーロッパ諸国の絶対主義国家の重商主義政策によって植民地化が急速に進んでいる。当初，植民地では，農業や漁業といった第一次産業による自給自足経済が主流であった。しかし，産業革命後の18世紀以後には，海運業や貿易業を営む商業資本が発展している。植民地時代に終わりを告げたのは，1776年のことである。「自由と平等」を精神に掲げた独立宣言が採択され，アメリカは独立国となった。植民地時代には，イギリスのエリザベス救貧法をベースに，各植民地の固有の事情に応じて救貧制度が実施されていたが，1788年には，それに代わるものとして第二次一般救貧法が制定されている。独立国となったアメリカは，イギリスの重商主義の制約から解き放たれ，資本は家内制手工業から工場制手工業へと発展した。それに応じて，これまで居宅保護が中心であった救貧法も，院内救護に転換し，救貧院を中心に労働能力のない人を救済するという方針で徹底されている。

　19世紀に入ると産業革命の進展とともに工業が著しく発展し，人口が都市部に集中し，さらに，移民の流入によって，働く労働者の低賃金と不安定化がもたらされる。そのような中で1873年に鉄道部門等への過度の投機が原因となって恐慌が起こり，当時のイギリスと同様に，工場労働に従事する人々の労働条件や生活環境はさらに劣悪なものとなり，多くの失業者も生まれる事態となった。この頃，多くの慈善団体が組織化されているが，その草分けとして有名なものとしては，1817年にニューヨーク市に設置された「貧窮予防協会」

がある。さらに，1853年にはブレース（Brace, C. L.）が「貧民生活状態改善協会」と並行してニューヨーク市に「児童援護協会」を設立している。こうした活動が取り組まれた背景には，これまでの救貧活動が濫給や受給者との人格的交流の不十分さをもたらすといった欠陥を有していたことがあるが，急速に全国の主要都市に設立された「貧民生活状態改善協会」の活動は，結果的には単なる救助機関になってしまい，当初期待されたような各種慈善機関の調整を図ることといった目的は実現されていない[2]。こうした事態がのちに慈善組織協会を生み出す要因にもなっていくのである。

アメリカにおける慈善組織協会は，イギリスの牧師，ガーティン（Gurteen, S.）の指導のもとに，1877年，ニューヨーク州バッファロー市が設立したことに始まる。新たに組織された慈善組織協会は「多様な慈善事業や慈善機関の相互連絡をはかる中央事務局を設置するとともに，市を4つの地区に分け，貧困者が利用しやすいようにできるかぎりの地区の中央に事務所を置き，そこに救助に関する調査と方針決定をする有給の専任職員と貧困者の友人として活動する一群の訪問員を任命する」というしくみをとっている[3]。こうして配置された有給の専任職員による調査とボランティアである訪問員による友愛訪問が，その後の慈善組織協会の活動を発展させる大きな原動力になった。

(2) セツルメント運動

ソーシャルワーク成立の大きな契機となったもう一つの活動がセツルメント運動である。セツルメント運動は学生や知識人らが貧困地域に居住しながら，その地域に住む住民への支援，具体的には，住環境の整備や社会改良をめざすことを目的としたボランタリーな運動であった。その起源は，ロンドンのスラム街で殉教したトインビー（Toynbee, A.）を記念して，1884年にバーネット夫妻（Barnett, S. & Barnett, H.）が設立したトインビーホールにあるといわれている。トインビーは，オックスフォード大学経済史の教鞭をとっていた。若くしてセツルメント活動に参加したことで知られている。バーネット夫妻は，労働者階級が多く住む地区に移り住み，貧困者の生活改善を図ることを目的に直接的な救済活動を展開した。さらに，オックスフォード大学やケンブリッジ大学などの学生たちがセツルメント運動に共感を寄せ，貧困地区とされたロン

ドンのイーストエンド地区に住み込み，活動に積極的に参加している。その後，まもなくしてトインビーホールの流れを汲むセツルメントがアメリカにも継承され，各地に広がっていくことになる。なかでも，代表的なアダムス（Addams, J.）らによってシカゴに設立された「ハル・ハウス」は，「より高い市民的・社会的生活をなすような中心を作り，教育的博愛的事業を組織してこれを維持し，さらに，シカゴの産業区域におけるもろもろの状態を考究し，それを改善することにある」ことを目標に掲げ活動している[4]。また，アダムスはみずからの著書でセツルメントの存在理由について「この3つの理由というのは，第1に現実の社会関係の中で民主主義を建設しようとする欲求，第2に人類発展につくそうとするように，私たちの生活を真底から刺戟したいという衝動，第3にキリスト教運動を人道主義運動にすすめたいという願望であった。現実に生きているものを分析することはむつかしい。また，できてもつねに不完全である。セツルメント運動の動機は大きく3つに分けられる。自己犠牲の喜びとはあいいれない世俗的な楽しみを拒否する精神の世界を基礎とする新しい社会生活への欲求であり，またあまりに広大なので喜びを表現することもできない他を認める神の愛と，重労働でふしくれだった手をした貧困者の低音の声を聞こうとする欲求などがまじりあっているのである」と述べている[5]。

2. ソーシャルワークの専門化の確立に向けて

アメリカの慈善組織協会で友愛訪問活動を行ったリッチモンド（Richmond, M.）は，実践を通した援助方法の確立に向けて，その理論化・体系化の試みを行ったことで有名である。彼女は援助を必要とする人々とその人々を取り巻く社会環境に注目し，具体的かつ科学的な情報収集を通して問題状況を判断することの重要性を強調した。そして，1917年に『社会診断』，1922年には『ソーシャル・ケース・ワークとは何か』を出版し，個別援助技術を「人間と社会環境の間を個別に意識的に調整することを通してパーソナリティを発達させる諸過程からなる」[6]と定義した。これは，人々への直接的な支援とその周囲にある環境への働きかけを通して，当事者を人格的に成長させることを個別援助の目標としたものである。こうした個別援助の定義は，今日においても代表的な

ものとしてソーシャルワークの理論と方法の中で受け止められている。また，リッチモンドは，慈善組織協会の全国組織化に向けて大きな役割を果たしただけでなく，ソーシャルワーカーの専門職団体の組織化にも尽力している。

リッチモンドらによって，ソーシャルワークに関する理論的な体系化が図られていく中で，ソーシャルワーカーの職能団体の組織化や養成教育のあり方についての課題も取り上げられるようになった。1915年に開催された全米慈善・矯正会議でフレックスナー（Flexner, A.）は，専門職業に必要な要件を示し，ソーシャルワーカーが専門的な職種としては十分に確立していないとの見解を示している。こうしたフレックスナーの報告に喚起されるかたちで，その後，いくつかの専門職能団体が組織されている。たとえば，1918年には，アメリカ病院ソーシャルワーカー協会，1919年にはアメリカ家族ソーシャルワーカー組織協会（のちのアメリカ家族福祉協会），さらに1921年にはアメリカソーシャルワーカー協会などが相次いで結成されている。また，専門教育については，統一的な養成基準の設定が課題となり，1919年にアメリカソーシャルワーカー学校協会の前身が結成されている。養成校として，1904年にニューヨーク慈善事業学校が設立されて以来，全米各地に広がりをみせ，1930年までには28校に達している。

さらに，1923年10月から数年間にわたって開催されたミルフォード会議[*1]では，アメリカのソーシャルワーカー協会などの全国組織の代表（17名の役員と理事）らによって，ソーシャルワークの専門職としてのあり方についてその検討がなされている[7]。その後，アメリカでは1920年代に入ると，第一次世界大戦によって戦場に送られた兵士とその家族への精神的な援助が必要となり，ソーシャルワークの対象は広がりをみせた。さらに，1930年代以降は，フロイト（Freud, S.）の精神分析理論が注目を集め，ケースワーク理論にも取り入れられている。こうした精神分析理論をもとにした援助技法は，「診断主義ケースワーク」と称されるもので，利用者の生育歴や生活歴からパーソナ

[*1] アメリカ家族福祉協会，アメリカ病院ソーシャルワーカー協会，アメリカ児童福祉連盟，アメリカ精神医学ソーシャルワーカー協会，全国訪問教師委員会，全国非行防止協会，全米旅行者援助協会の代表者が集まってケースワークをめぐる理論的実践的な課題について協議するために開催した会議である。

リティの構造を明らかにしアプローチするものである。つまり，個人の生育歴・生活歴に由来するパーソナリティに焦点を当て，問題解決の糸口をさぐる方法である。同時に，個人を取り巻く社会環境をも視野に入れ，その相互関連の中で問題の診断と援助を行うという視点も含んでいる。その代表的な論者としては，ハミルトン（Hamilton, G.）やホリス（Hollis, F.）などがいる。

しかし，1929年の世界恐慌を背景に失業者が増加し，貧困が大きな社会問題となる中で，個人のパーソナリティに焦点を当てる「診断主義ケースワーク」に批判が高まった。そこで，ランク（Rank, O.）の意志心理学（意志療法）の理論や人間観を土台とする「機能主義ケースワーク」が提起されるようになる。これは，援助者による診断や治療よりも，利用者の意志を尊重し，利用者と援助者との関係性を媒介にして援助を提供することで問題の解決・緩和を図るとする立場である。その後「診断主義」と「機能主義」はしばらく論争を繰り広げることになる。

3. ソーシャルワークの再編と統合化

1950年代から1960年代にかけては，朝鮮戦争やベトナム戦争が相次いで起こり，アメリカではベトナム帰還兵の問題や人種差別の問題，また工業の発展に伴う公害の発生などさまざまな社会問題が発生している。また，黒人に対する社会上の差別の撤廃を求め，一市民としての公民権の獲得をめざす公民権運動も展開されている。こうした時代背景のもとで，ソーシャルワークは社会的な諸問題とどのように向き合うのかが大きな課題となった。

1950年代には，パールマン（Perlman, H.A.）が，みずからを「折衷主義」と称し，機能的アプローチの立場に立ちつつ，診断主義ケースワークの理論を取り入れ，両派を統合するための試みを行っている。それは，「役割理論」などを導入した「問題解決アプローチ」の体系化の試みであった。パールマンは，デューイ（Dewey, J.）の問題解決学習法や社会学における役割理論などを援用しながら，個別援助技術を「治療の過程」ではなく，「問題解決の過程」であると捉え，その構成要素を，人（Person）・問題（Problem）・場所（Place）・過程（Process）の「4つのP」に整理した。これによれば，ケースワークは，「社

会生活上の問題を抱えた人に対する，援助の提供される機関における，ニーズを充足するための諸活動の活用を含めた専門職による専門的援助の過程」とされている[8]。なお，パールマンは，1986年には，この「4つのP」に「専門家（Professional Person）」「制度（Provisions）」を加えている[9]。

1960年代に入ると，診断主義ケースワークの流れを汲む「心理・社会的アプローチ」が登場する。この理論は，フロイトの精神分析の知識やその後に発展した自我心理学，力動精神医学などの知識を個別援助技術に援用したものである。ホリスは，著書『ケースワーク：心理社会療法（Casework：A Psychosocial Therapy）』（1965年）において，「ケースワークは，＜逆機能＞の内的・精神的原因と，外的・社会的原因の両方を認識し，個人が社会関係の中で自己の＜要求＞をより完全に満足させ，いっそう適切に機能することができるように援助することである」と述べている[10]。心理・社会的アプローチは，個人の心理的側面とともに，その個人を取り巻いている社会環境をも視野に含め，その相互関連の中で問題を診断し，利用者への援助を行おうとするものであり，つまり，個別援助技術は，人と状況の両者の相互作用に着目する必要があるとしたアプローチの考え方である。

この時期には小集団活動による治療的な取り組みに注目が集まり，グループワークに関する評価も高まっている。すでに，1936年には，アメリカグループワーク研究協会が結成され，1946年にはアメリカグループワーカー協会が発足している。1950年代の精神科領域における治療的グループワークの取り組みには目覚しいものがあり，精神病院や児童相談センター，治療効果を目的とした病弱児のキャンプ活動にも適用された。こうしたグループワークにおける治療的モデルの代表的な研究者としては，ヴィンター（Vinter, R.）が知られている[11]。また，コノプカ（Konopka, G.）は，グループワークとは「意図的なグループの経験を通じて個人の社会的に機能する力を高め，個人，集団，地域社会の諸問題により効果的に対処しうるよう，人々を援助するものである」と定義した。また，アメリカグループワーカー協会が1955年に全米ソーシャルワーカー協会に参加したことにより，ソーシャルワークの方法として位置づけを明確にしていくことになる。

コミュニティワークやコミュニティ・オーガニゼーションは，第二次世界大

戦まではイギリスでは失業対策，アメリカでは人種差別問題に対するセルフヘルプ活動，農村地域では各種協同組合活動の組織化として発展してきた。戦後，イギリス・アメリカにおけるコミュニティワークやコミュニティ・オーガニゼーションは，地域社会の変容と新たな生活問題の広がりの中で多様な実践の発展と理論化がなされてきた。ロス（Ross, M.）はコミュニティ・オーガニゼーションを「地域社会がその必要性と目標を発見し，それに順位をつけて分類する。そして，それを達成する確信と意志を開発して，必要な資源を内部・外部に求め，実際行動を起こす。このように地域社会が団結協力して実行する態度を養い育てる過程」とした[12]。

さて，以上のように，ケースワークの他にもグループワークやコミュニティワーク，コミュニティ・オーガニゼーションの理論がそれぞれ体系化され発展してきた。また，すべてのソーシャルワーク実践に共通する基盤を明らかにし，利用者の生活ニーズに柔軟に対応していく視点を位置づけていく必要性が指摘された。このようにソーシャルワーク全般の理論化や統合化に向けての研究と実践が大きく進んだ時期でもある。

4. 近年におけるソーシャルワーク実践の理論

1970年代に入ると，バートレット（Bartlett, H. M.）は，ソーシャルワーク実践を課題にした全米ソーシャルワーカー協会のプロジェクトでの議論をもとに，『社会福祉実践の共通基盤』をまとめた。バートレットは，ソーシャルワークの共通基盤として，あらゆる形態のソーシャルワークの過程に共通する知識基盤を，「価値」「知識」「技術」の3つの要素からなるとした。また，当時，社会福祉の対象は，これまでの貧困を中心にした問題から薬物，アルコール依存など心の問題を抱えた人たちの問題など多様な広がりをみせる中で，社会学，心理学，社会病理学の領域での研究も深まり，ソーシャルワーク理論も大きな影響を与えることになった。代表的なものとしては，「行動変容アプローチ」や「危機介入モデル」「課題中心モデル」などがある。「行動変容アプローチ」は，アメリカの心理学者であるスキナー（Skinner, B. F.），ワトソン（Watson, J.），ロシアの生理学者パブロフ（Pavlov, I. P.）などによって推進された研究をも

とに，実証的に確立されてきた学習理論を用いて，行動の変容を図っていくアプローチとして，1950年代後半から試みられるようになってきた。ソーシャルワークの技法として導入されるようになったのは1960年代の後半からであり，日本では，1980年代に「行動ケースワーク」として，武田建らによって紹介されている。「危機介入アプローチ」は，アメリカで生まれ，発展してきた危機理論およびそれに基づく援助方法として医療・看護やソーシャルワークなどの幅広い分野でその有効性が認められ，さまざまな危機的状況にある対象に適用されている。危機介入は，パーソナリティの変容よりも対処能力を養っていく面を重視している。つまり，危機的状況に対する援助者からの介入は，利用者自身にとっても，問題の本質への接近が容易になる契機となるとする考えである。「課題中心アプローチ」は，日本でも早くから紹介されていたパールマンの問題解決アプローチの影響を受けて発展してきた方法である。リード(Reid, W.)やエプシュタイン(Epstein, L.)の実証的な調査研究の基礎的なデータによって開発されたものであり，伝統的なケースワークの長期的な処遇が，必ずしも問題解決にあたって有効に機能していない点を批判し，短期の計画的な処遇モデルを提案したものである。

1980年代以降，ピンカス(Pincus, A.)やミナハン(Minahan, A.)は一般システム理論を用いてソーシャルワークを4つのシステムの相互作用として捉える見解を示した。この4つのシステムとは，①クライエントシステム，②ワーカーシステム，③ターゲットシステム，④アクションシステムである。

①クライエントシステムとは，生活ニーズを有し問題解決に取り組む立場にある個人・家族のことである。②ワーカーシステムとは，援助活動を提供する職員や施設・機関のことである。③ターゲットシステムとは，利用者の問題解決を進めていくために働きかけていく必要のある人のことを指している。④アクションシステムとは，働きかけるために用いる人やさまざまな資源のことである。この4つのシステムが相互に重なり合い，関連している状況の全体を調整し変化させることにより援助活動は展開されていくと捉えた点に大きな特徴がある。

さらに，この時期にはジャーメイン(Germain, C.)やギッターマン(Gitterman, A.)により生活モデルに依拠したエコロジカルアプローチが注目を集めるよう

になった。これは，生態学的な視点に立ち，個人，集団，組織，情報，価値，技術といった生態系における各要素の相互作用の不調和から生活問題が生じていると捉えた。つまり，それぞれのシステムとそれらを取り巻く環境との相互作用に着目したのである。そして，ソーシャルワークの主要な援助方法は，人と環境との適合性を改善し，強化する過程であるとした。

■引用文献

1) 高島進「近代的社会事業の萌芽」，吉田久一・高島進『社会事業の歴史　社会福祉事業シリーズ5』p.109，誠信書房，1964
2) 小松源助『ソーシャルワーク理論の歴史と展開—先駆者に辿るその発達史』p.8，川島書店，1993
3) 前掲書2），p.8
4) 前掲書2），pp.106-107
5) ジェーン・アダムス（柴田善守訳）『社会福祉学双書3　ハル・ハウスの20年—アメリカにおけるスラム活動の記録』p.93，岩崎学術出版社，1969
6) メアリー・E・リッチモンド（小松源助訳）『ソーシャル・ケース・ワークとは何か』p.57，中央法規出版，1991
7) 全米ソーシャルワーカー協会（竹内一夫・清水隆則・小田兼三訳）『ソーシャル・ケースワーク　ジェネリックとスペシフィック—ミルフォード会議報告』pp.5-6，相川書房，1993
8) ヘレン・H・パールマン（松本武子訳）『ソーシャル・ケースワーク—問題の過程』p.4，全国社会福祉協議会，1982
9) 横山穰「社会福祉援助技術のあゆみ」『シリーズ基礎からの社会福祉②社会福祉援助技術論』pp.32，ミネルヴァ書房，2005
10) ホリス・F（本出祐之他訳）『ケースワーク—心理社会療法』p.7，岩崎学術出版社，1966
11) 野村武夫『はじめて学ぶグループワーク』pp.43-47，ミネルヴァ書房，1999
12) ロス・M（岡村重夫訳）『コミュニティ・オーガニゼーション—原則，理論および実際』p.42，全国社会福祉協議会，1968

第2章
ソーシャルワークの定義と機能・構成要素

1. ソーシャルワークの定義

　社会福祉援助活動やソーシャルワークの定義についての統一した見解はないが，日本社会福祉実践理論学会編の『社会福祉実践基本用語辞典』では，社会福祉援助活動とは，「一般的に社会福祉援助組織（機関や施設）に配置されている専門職員によって進められる援助活動をさしている。その援助活動は広範多岐にわたるが，大別すると，①サービス利用者に直接対応してすすめられる活動，②利用者が生活している地域の社会資源の整備・連携・調整に対応してすすめられる活動，③援助組織のサービス内容や運営の改善に対応してすすめられる活動に分けられる。これらの活動は，いずれも利用者および関係者との対人関係を基に展開していくので，何よりもそれを結び，発展させていくための原則と技能をふまえて取り組んでいくことが重要である。また，利用者のおかれている状況に対応する一定のアプローチ（危機介入，社会的支援，課題中心など）が発展してきているので，それらを積極的に適用していくようにしなければならない」とされている[1]。社会福祉実践については，「社会福祉援助活動において，とくに専門的活動としてとりくまれていく場合を呼んでいる。アメリカにおいては，一定の基準を充足しているソーシャルワークの専門教育を修了したソーシャルワーカーによって遂行される専門的活動をソーシャルワーク実践（social work practice）と表現しているが，それに対応するものとしてわが国において用いられてきているといってよいであろう」と定義され[2]，ソーシャルワークについては，「ソーシャルワークは社会的諸制度，諸施設，諸サービスなどの公的な資源，友人，知人，近隣，親族などの個人的な

資源，非営利的・営利的な資源，環境とのかかわりにおいて，個人や家族，集団，地域社会などに生ずる生活上の諸課題の解決，人々の生活を通して生存権，幸福追求権を充足していくことを援助する社会福祉の実践体系である」と定義されている[3]。こうした点からも，社会福祉援助活動と社会福祉実践，ソーシャルワークの3つの用語は，専門職によって提供される活動という意味合いで，ほぼ同義語として用いられている。なお，言うまでもないが，社会福祉援助活動やソーシャルワークは，社会福祉政策・制度を指す用語ではない。これらを遂行し実践していく過程において機能するものであり，専門的知識と技能を有する担い手により展開される専門的活動という意味合いをもつものである。

　国際ソーシャルワーカー連盟は2000年7月，モントリオールにおける総会で，これまでの社会福祉援助実践（＝ソーシャルワーク実践）の到達をふまえ，ソーシャルワークの定義を，「ソーシャルワーク専門職は，人間の福利（ウエルビーイング）の増進をめざして，社会の変革を進め，人間関係における問題解決を図り，人々のエンパワメントと解放を促していく。ソーシャルワークは，人間の行動と社会システムに関する理論を利用して，人々がその環境と相互に影響し合う接点に介入する。人権と社会正義の原理は，ソーシャルワークの拠り所とする基盤である」とした[4]。これは，「人権と社会正義の原理」に依拠したものであり，専門職には個別の相談や支援，ケアの提供を通して，その声を社会問題として提言し，政策に生かしていく役割が求められており，日々の利用者の生活実態と制度との具体的なかかわりを直接知る立場にある者の強みであり責任でもあることを強調している。

2. ソーシャルワーク実践の機能と構成要素

(1) ソーシャルワーク実践とは何か

　ソーシャルワーク実践とは，社会福祉の機能の一つであり，社会福祉労働そのものである。では，なぜ「労働」ではなく「実践」なのかといえば，実践とは，労働の質を高める内容に対してつけられた言葉だからである。つまり，実践とはただ漫然と進められるものではなく，きわめて自覚的・意図的に人間的な価値をめざす営みなのである。もっとも「意図的」とはいえ，社会福祉援助

実践が対象とするのは生きた人間であるから、偶発的・突発的事態に直面することもしばしばあるのは当然のことである。ここでいう「意図的」の意味合いを「機械的」と捉えてはいけない。そもそも人間であるがゆえに起こる偶発的・突発的な出来事すらも、見通しや計画の中に取り込んだ上で、意識的に取り組まれるものでなければならない。たとえば、保育実践では、実践の対象となる子どもたちは、成長・発達の途上にある未知の可能性をもった世代である。その無限の可能性が現実のものとして、その子どもの力となるためには、他者の支えや援助がさまざまなかたちで必要になる。成長・発達の中で与えられる課題に対しては、それぞれの子どもで受け止め方や乗り越えるスピードなど、その反応は異なる。そこで、それぞれの子どもの成長・発達段階に合った目標の設定や方法（働きかけ）が、導入からその後の展開に至るまで考えられる。さらには、一連の働きかけが果たして適切であったのかといった振り返りをし、それを総括した上で新たな課題の設定に役立てていくことまでを含めて保育実践となる。こうした過程は、保育実践だけでなく、ソーシャルワーク実践のすべてに当てはまる。

(2) 社会福祉の機能

さて、社会福祉援助実践が真に利用者に役立つものになるためには、どれだけの機能を有する必要があるのだろうか。社会福祉の機能とは社会福祉を実現していく働きのことであるが、それを成立させるためには以下の点が前提となる。

第一に、物質的な条件、つまり、財政・財源である。国家に一定の富の蓄積がなければ国家的な保障によって社会福祉を実現していくことはできない。第二に、社会福祉の制度・サービスである。これは、国の憲法を含む社会福祉法体系によって具体化される。ただし、法体系は社会福祉の機能を保障するものである一方で、制約する働きも有していることを考慮しなければならない。したがって、常に、改善や改革の必要性が問われるものである。これについては、介護保険制度の要介護認定のしくみや生活保護法の資産調査などがよい例である[*1]。第三に、専門職員（ソーシャルワーカー）である。ソーシャルワーカーは、社会福祉の機能の直接の担い手としてだけでなく、さらなる資源を開拓し

ていく役目や現行制度の問題点を発見し，それを改善していくために制度・サービスのあり方を正していく働きも有するものでなくてはならない。第四には，社会福祉の援助を受ける当事者（利用者）である。みずからの力量を越える問題状況に直面したときに，勇気をもって他者に援助や協力を求めることができる人こそが自立的な人間といえる。当事者が一人の人間として，幸福，健康に生きる権利を主張してきたことが原動力となって，社会福祉の機能を改善・改革してきたことは歴史的事実である。生活保護法に基づく生活扶助基準のあり方をめぐって，国に生存権保障の確固とした確立を求めた朝日訴訟（「人間裁判」とも称された）や，障がいのある母親が障害福祉年金とわが子に児童扶養手当が支給されないという不合理に対して司法判断を求めた堀木訴訟などはこの最たる例であろう。

以上の4つの条件の成立のもとで，社会福祉の機能は実際に発揮される。社会福祉の機能を把握する場合には，社会福祉の制度・法律が形成されていくプロセスと，社会福祉が提供される場で展開されている利用者と援助者の対面関係場面との双方から捉えていくことが重要である。

(3) 社会福祉の構成要素

つぎに，社会福祉援助実践を構成する不可欠な基本的要素について述べる。一般的には，①クライエントシステム，②ニーズ，③ソーシャルワーカー，④社会資源，の4つといわれている。

まず，「クライエント」とは，言うまでもなくソーシャルワークの対象となる人を指す。これまでは，生活上の問題や困難を抱えている人がみずから主体的に援助を求めてくることを意味して，クライエントあるいは来談者と呼ばれることが多かったが，最近では，すでに社会福祉サービスを利用している人たちを利用者（ユーザー）と呼ぶことも多くなっている。基本的要素の1つめにある「クライエントシステム」とは，クライエントの抱える生活問題や生活困

---

*1 たとえば，伊藤周平の『権利・市場・社会保障 生存権の危機から再構築へ』（青木書店，2007年）や『「改正」介護保険と社会保障改革』（山吹書店，2005年），日本弁護士連合会編『検証・日本の貧困と格差拡大—大丈夫？ ニッポンのセーフティネット』（日本評論社，2007年）などが参考になる。

難の解決・緩和に影響を与える人間関係や機関などのことである。つまり，クライエントを取り巻く環境すべてを含めたシステムを指す。

つぎに，「ニーズ」についてである。この点については，アメリカの心理学者マズロー（Maslow, A. H.）が提唱した「欲求階層説」がある。マズローは，人間の成長・発達とのかかわりから，人間が社会で生活し，発達・成長する上で必要な基本的欲求を5つに整理した。その内容は，①自己実現の欲求（自己の可能性実現と自己充足の欲求），②承認の欲求（尊敬，賞賛，評価，承認，地位の欲求），③所属と愛の欲求（集団所属，愛情，参加，仲間を求める欲求），④安全の欲求（安全，安定，保護，依存を求める欲求），⑤生理的欲求（生命を維持するための基本的欲求）である（図2-1）。さらに，この5つの欲求には，優先順位があり，低次の欲求が充足すれば，より高次の欲求へと段階的に移行するものと考えた。そして，人間の成長・発達段階に応じて現れる欲求は，成長過程の必要な時期に適切に充足されなければ，その後の成長・発達に大きな

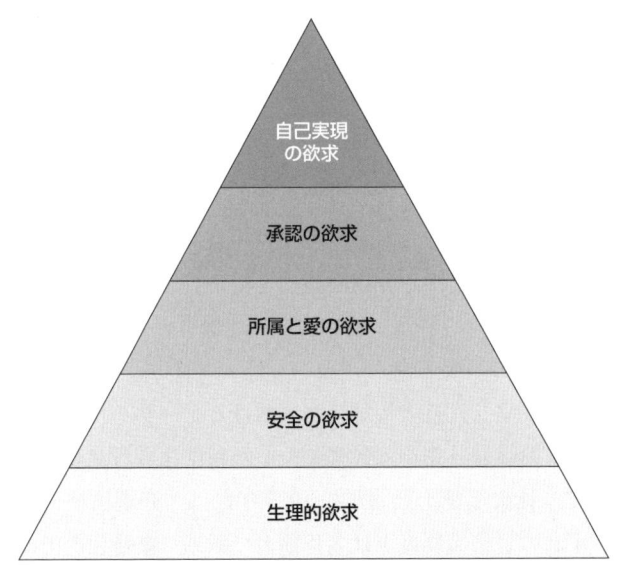

図2-1　マズローの欲求階層

（Ewen, R. B.(ed.)：An Introduction to Theories of Personality, Academic Press. 参照）

影響をもたらすとした。また，マズローは「欲求階層説」を通して，「人間はより高い価値を求めて成長発達を遂げていく存在であることを強調し，その成長発達に対してははかり知れない可能性をもっているとしている。そして，自分自身についてよく知り，自分の可能性をできるだけ実現しようとするのが人間の本質である」とも述べている[5]。

さて，ニーズという用語が社会福祉で用いられる場合には，人間が社会生活を営むために，あるいは自己実現のために必要不可欠なものという意味で使用される。この点について岡村重夫は，「社会生活の基本的要求」として，①経済的安定，②職業の機会，③身体的・精神的健康の維持，④社会的協同，⑤家族関係の安定，⑥教育の機会，⑦文化・娯楽に対する参加の機会，の7点を取り上げ，「この社会生活の基本的要求は，生理的・心理的存在としての個人の必然的な生活上の要求であると同時に，社会自体の存続のために不可避の最低条件をみたすものでなくてはならない。いわば個人の生活にとっての最低必要条件と，社会自体の存続のための最低必要条件との調和によって成立する基本的要求である」としている[6]。この岡村の概念は，これまで強調されてきた「生理的要求」や「心理的要求」といった「人間の基本的要求」と大きく対立する概念ではないものの，社会福祉の対象領域では，抽象的な「生理的要求」や「心理的要求」といった一般の充足だけを問題とするのではなく，人々の社会生活上の困難をも含めて問題としなければならないと指摘したものである。

基本的要素の3つめにある「ソーシャルワーカー」とは，ソーシャルワークの価値・倫理を基盤に，必要な知識と技法を活用しながら，クライエントの抱える生活問題・生活困難の解決・緩和に向けて働きかけを行う担い手をいう。わが国では，1987年に「社会福祉士及び介護福祉士法」が，1997年に「精神保健福祉士法」が成立し，社会福祉分野におけるソーシャルワーカー資格として「社会福祉士」および「精神保健福祉士」が制度化された。また，ケアワーカー資格として，社会福祉士と同年の1987年には「介護福祉士」が制度化されている。いずれの資格も制度上は名称独占であり，業務独占ではない。つまり，前述した3つの資格を有していない者であっても，ソーシャルワークやケアワークの現場で働くことができる。

最後に，「社会資源」であるが，これは，利用者の抱える生活問題・生活困

難の解決・緩和のために必要な生活を支える各種の具体的な条件である。具体的には，財政，施設・事業所，機関，設備，人材，法律などであり，一般的には，クライエントのニーズを充足させるために動員されるあらゆる物的・人的資源を総称したものをまとめて「社会資源」と呼ぶ。社会福祉の援助は，社会資源と切り離して論ずることはできない。社会福祉の援助を必要とするクライエントはまさに十人十色であり，単に経済的困窮といっても，経済的な保障だけで自立可能な人もいれば，加えて，住環境に対する配慮を必要とする人まで，その実態はさまざまである。したがって，個々のニーズによって，必要になる社会資源も多様に広がっていく。つまり，社会福祉援助は，社会の変化などによって生じるニーズの変化に応じて，新たな社会資源を創出することと不可分に発展していくのである。

■引用文献

1) 小松源助,日本社会福祉実践理論学会編『社会福祉実践基本用語辞典 改訂版』pp.82-83，川島書店，1993
2) 小松源助，前掲書1），p.89
3) 山崎美貴子，前掲書1），p.138
4) 日本社会福祉士会ホームページ「国際ソーシャルワーカー連盟（IFSW）のソーシャルワークの定義」(http://www.jacsw.or.jp/01_csw/08_shiryo/03_IFSW_teigi.html)
5) 野村武夫「社会福祉援助とは何か」,基礎からの社会福祉編集委員会編『シリーズ・基礎からの社会福祉②社会福祉援助技術論』p.7，ミネルヴァ書房，2005
6) 岡村重夫『社会福祉学（総論）』p.111，柴田書店，1958

第3章
相談援助の基本と原則

1. 相談援助の基底にあるもの

　誰しも，他者に自分の抱えている問題や悩みを相談することには多大な勇気を要するものである。きわめて個人的な内容が含まれることに加え，他者にとってはとるに足らない悩みではないかと相談することを躊躇してしまうこともあるだろう。相談援助に携わる者には，こうした人間のこころの機微を受け止めることのできる資質と，それを裏打ちする知識・技法が求められる。ここでは，相談援助で大切になるいくつかの視点をおさえておきたい。

　社会福祉の相談援助は，医療機関や福祉事務所，地域包括支援センターなど専門的な相談機関や高齢者，障がい者，児童を対象とする福祉施設などで行われる。社会福祉の領域において実践されている対人援助の形態には，ケアワーカーやソーシャルワーカーといった福祉専門職が利用者と結ぶ「ソーシャルワーク関係」と呼ばれるもの，同じ生活問題・生活課題を抱える当事者同士が相互に支え合うセルフヘルプグループによるもの，他者との連帯や共生といった思想を背景とするボランティア活動によるものなどがある。いずれの形態の援助関係も相互に対等な人間関係と信頼関係をベースにして成立している点が共通している。また，援助の種類には，具体的なケア・物質的な援助の提供，カウンセリングを含む心理的な相談援助の提供，労働力の提供，社会福祉制度の拡充といった社会的諸条件の整備などがある。相談援助はこうした社会福祉援助の一つとして位置づけられる。

　利用者から相談を受ける前に，まず，援助者は，自分が所属している機関や施設の役割・機能と関係する団体・専門職との連携・協力を通して，利用者に

どのようなことが提供できるのか，またはできないことは何かを認識しておかなければならない。なぜなら，相談援助はプライベートな関係でなされるものではなく，相談援助を専門とする専門職として，常に公的な責任を伴っているからである。

相談援助を含む社会福祉援助は，他者の人生や生活に深くかかわるために，特別な難しさが伴う。生活の仕方や考え方は，性別や年齢，地域や文化的差異，生きてきた社会背景によって異なる。これは利用者だけでなく，援助者の側にもいえることである。つまり，援助者の有する知識や技術・技法と人間性によっても，問題の解決方法や方向性は多様になり，利用者の人生や生活に与える影響も異なってくる。相談援助を始める前に，援助者には，科学性，人間性，高度な倫理性，つまり社会的な責任が求められることを今一度認識しておいてほしい。

相談援助を含め社会福祉援助の基底にあるものは「第5章　ソーシャルワーク実践の方法と技術」で詳しく述べているので，ここでは簡単にふれておく。第一に，「人がその生涯のそれぞれの年代に，社会的条件の中で直面する生活課題と正面から取り組むことを通してこそ，生涯にわたる人格発達が獲得されるという認識」がある[1]。つまり，人間は，それぞれのライフステージに直面する課題に主体的に取り組むことを通して多くを学び，人生にその課題を意味づけていくことで成長するという認識である。第二に，生活の主体は，あくまでも当事者本人であるとの認識である。援助を必要とする人々は，時として頼りなく，無力に見えてしまうことがある。しかし，乗り越えていくべき課題は当事者のものであって，援助者のものではない。相談援助を含めた社会福祉援助の全過程において，利用者の主体的な参加が促進されてはじめて，問題状況の明確化と問題の解決・緩和は可能となる。第三に，援助は常に利用者にとって社会的に公正なかたちで提供されるべきものとの認識がある。援助者が提供する援助や専門性は，所属している機関や施設の理念，事業の運営方針に大きく規定され発揮されるものであることからも，援助者が所属している機関や施設の運営が民主的なかたちでなされていることも不可欠の条件となる。第四に，援助者には，社会的責任とそれを具体的に実現していく倫理的行動が常に存在していなければならないとの認識・自覚がある。職業倫理には，個人情報に関

する守秘義務やプライバシーの保護，利用者の利益の優先などが含まれるが，いずれも援助者として学習しておいてほしい。そして，最後に忘れてはならないことは，援助者としての責任とともに，限界性もあるという認識である。これは，手を尽くせば問題の解決を諦めてもよいということではなく，援助者としての無力さを知っておくことも大切であるということである。また，これは同時に，利用者や家族，関係者のもつ力や可能性を信じることでもある。

以上，相談援助を含む社会福祉援助の基底として5つをあげたが，これに加え，基本的人権の尊重や総合的な生活保障，生涯発達の視点もふまえておいてほしい。

2. 相談援助における対人援助の原則

相談援助を具体的に進めていく際には，上述した5つの基底や基本的人権の尊重，総合的な生活保障，生涯発達の視点をふまえておくことはもちろんであるが，同時に，個別援助における対人援助の原則についても理解しておく必要がある。ここでは，先人たちが福祉実践を通して確立してきた原則の中から，一般的に広く知られている「バイスティック（Biestek, F. P.）の7つの原則」について紹介しておく。これは，援助者と利用者（クライエント）との間に結ばれる援助関係の基本的原則を体系化したもので，バイスティックの主張は，人間誰しもが基本的にもっている欲求が主体性を生み出す根底であることに着目して展開されている点に特徴がある[1]。

① 個別化の原則（相手を個人として捉える）

援助者は利用者から相談を受けると，抱えている問題の一般的傾向をつかもうとするあまり，その人個人も型に当てはめて捉えがちになる。しかし，言うまでもなく，それぞれの利用者で，生育歴や生活体験，価値観などは異なり，たとえ同様の立場，同様の悩みを抱えていたとしても，その問題状況も問題の受け取り方・感じ方も違ってくる。したがって，利用者を大勢の中の一人とし

---

[1] 詳細については，F・P・バイスティック（尾崎新訳）『ケースワークの原則：援助関係を形成する技法』（誠信書房，1996年）を参照のこと。

2. 相談援助における対人援助の原則　25

表3-1　バイスティックの7つの原則

各原則の名称	第1の方向：クライエントのニード	第2の方向：ケースワーカーの反応	第3の方向：クライエントの気づき
1　クライエントを個人として捉える	一人の個人として迎えられたい		
2　クライエントの感情表現を大切にする	感情を表現し解放したい		
3　援助者は自分の感情を自覚して吟味する	共感的な反応を得たい	ケースワーカーはクライエントのニーズを感知し、理解してそれらに適切に反応する	クライエントはケースワーカーの感受性を理解し、ワーカーの反応に少しずつ気づきはじめる
4　受けとめる	価値ある人間として受けとめられたい		
5　クライエントを一方的に非難しない	一方的に非難されたくない		
6　クライエントの自己決定を促して尊重する	問題解決を自分で選択し、決定したい		
7　秘密を保持して信頼感を醸成する	自分の秘密をきちんと守りたい		

（F・P・バイスティック（尾崎新訳）『ケースワークの原則：援助関係を形成する技法』p.27, 誠信書房, 1996）

てではなく、その人はその人であり、かけがえのない一人の存在であるという認識をもって接しなくてはならない。また、抱えている問題についても、一般的傾向に分類するだけでなく、利用者固有のものとして捉え、決して先入観をはさんではいけない。

② 感情表出の原則（相手の感情表現を大切にする）

　利用者の「心の壁」は、みずから怒りや悲しみを吐き出すことなしに取り払うことはできない。援助者には、利用者がありのままに感情を表出できるような安心感をもってもらうこと、信頼関係を築くことが役割としてある。またそれと同時に、利用者自身が表出した感情にゆとりをもって向かい合い、見つめ

直せるように導いていくことも援助者に求められる役割である。

③ **統制された情緒的な関与の原則（援助者は自分の感情を自覚して吟味する）**

援助者にとって，利用者と共感関係を築くことは大切なことである。したがって，利用者の考えに同意・同感できる点についてはしっかりと相手に伝えておく。ただし，利用者の感情に巻き込まれるようなことはあってはならない。援助者には，常に冷静な判断と自己の感情をコントロールすることが求められる。

④ **受容的な態度の原則（相手を受け止める）**

援助の土台にあるのは，人間のもつ無限の可能性への深い信頼と期待である。個人的な事柄を話そうとする場合，相談する相手が自分をどのよう受け止めているかに人は敏感になるもので，自分を受容してくれていないと感じる相手には，決してありのままを語ろうとはしないだろう。利用者自身と抱えている問題について，まずはあるがままに受け止めることなしには，利用者に接近することはできないと認識しておいてほしい。

⑤ **非審判的態度の原則（相手を一方的に非難しない）**

利用者に対して援助者としての意見を述べる場合は，批判的・審判的な態度や言い方をしてはならない。他者からの批判や審判を受け入れるということは，それを受け入れることのできる素地と力が相手に備わっていなければ有効なものにはならず，ただ，自信や展望を失うだけになってしまう。批判的・審判的態度を控えるのはそのためであり，放任とは異なる。援助者には，利用者がみずから変わることができるよう，一方的な価値観や考えを差し伸べるのではなく，必要な情報提供などを行いながら導いていくことが求められる。

⑥ **自己決定の原則（相手の自己決定を促して尊重する）**

人は，自分で物事の決定を行ったときにこそ，大きな力を発揮するものである。とくに，自分を変え，環境（人）を変えていくような人生の大切な節目に自己決定がなされなければ，前に進むことはできない。したがって，援助に負うところが大きい場合であっても，利用者が「自分で決めた」と自覚できるように，決定の最後の「切り札」は渡しておかなければならない。その際，援助者は，利用者が熟慮して自己決定ができるよう，十分な話し合いと適切な情報提供，また，下された決定が利用者にとって良いものとなるのかの見極めを行う。

⑦ 秘密保持の原則（秘密を保持して信頼感を醸成する）

　秘密保持は専門職の倫理であり，利用者の基本的人権の尊重にかかわる重要な原則である。とくに，相談援助を通して知り得る利用者の情報はきわめて個人的な内容を含むものであり，利用者にとっては，どのようなことがあっても，決して他者には知られたくないものである。秘密とは，断片的に伝えられたものであっても，誤解やうわさを生んでしまう場合がある。こうした秘密や情報のもつ特徴を十分に認識した上で，援助を始める前には，必ず利用者と秘密保持の原則を確認し，チーム労働の観点から第三者に話す必要が生じた場合には，その必要性や意味について十分に説明し，合意を得ておかなければならない。

　以上の原則は，伝統的な個別援助技術（ケースワーク）の初期段階に確立したものであり，個別の相談援助活動の重要な原則として位置づけられている。
　さらに，相談援助の原則とあわせて，援助を構成する重要な要素には，利用者自身に援助を受ける意志があることと，その動機づけができていることがある。また，社会資源も援助を成立させる要素である。「社会資源」とは，社会福祉を支える財政・施設・設備・人材など，必要な物資および労働をいう。社会福祉の援助は，社会保障・社会福祉制度やサービスをはじめとした社会資源と切り離して論ずることはできない。利用者の抱える生活問題・生活課題は多様であり，たとえば「経済的困窮」と一口に言っても，経済的な補助だけで自立可能な場合もあれば，他の側面からも日常的な援助を必要とする場合もあるように，その実態はさまざまである。また，昨今では，その様相はますます複雑化・深刻化している。こうした社会の変化によって新たに生じた生活ニーズに応じて社会資源を創出していくことも社会福祉援助の役割である。

■引用文献

1) 窪田暁子「社会福祉の方法・技術」，事典刊行委員会編『社会保障・社会福祉事典』p.668，労働旬報社，1989

第4章
ソーシャルワークの視点で子ども・保護者を支援する

1. なぜ、ソーシャルワークの視点が必要なのか

(1)「子育て」をめぐる現代社会の状況―「つながり」の希薄な社会

「子育て」という言葉から、私たちはどのようなことを連想するだろうか。近年、「孤育て」という言葉も聞かれるように、孤立した状況の中での「子育て」は、時として、重大な結果を招くこともある。たとえば、それは、虐待というかたちで出現することもある。虐待とまではいかないまでも、「子育て」における不安や孤独感、思うようにいかないことへの苛立ちは、親子関係を悪化させる要因ともなる。

厚生労働省は、2003年に「児童虐待等要保護事例の検証に関する専門委員会」を設置し、子ども虐待による死亡事例等の検証を毎年行っている。2010年7月に提出された「第6次報告」[1]によると、心中以外の事例における虐待による死亡事例で0歳児が死亡した事例は59.1％であった。これまでの第1次報告から第5次報告における0歳児の死亡事例は、3割から4割の間で推移しており、第6次報告はそれを上回り5割を超えた。

さらに、詳細をみてみると、心中以外の事例39人のうち26人（0歳児の66.7％）が、生後1か月に満たない時期に死亡していた。生まれて間もない子どもの命が、失われている。主たる加害者は、実母がもっとも多く（心中以外の事例：59.0％、心中事例：70.2％）、次いで実父（心中以外の事例：16.4％、心中事例：24.6％）が続く。

養育の状況（家族形態）は、実父母が44.8％、ひとり親（未婚）が19.0％である。2008年6月5日現在の母子家庭の割合は1.5％、父子家庭の割合は0.2％[2]

であることを考えるならば，虐待により子どもが死亡する事例において，ひとり親世帯の占める割合は高いことがうかがわれる。

　加害者に実母が多く，また，ひとり親世帯の割合が高いということは，一体何を意味しているのであろうか。このことが意味することを見誤ると，保育者として支援を行っていく場合に，バイアスがかかってしまう。まずは，子育てを主として担っているのは誰か，ということを考えなければならない。少しずつ社会状況は変化してきているとはいえ，未だに家事・育児・介護の大部分を女性が担っているのが現実である。さらに，ひとり親世帯では，子育てと生計の維持を一人で担わなければならない厳しい状況がある。社会経済状況の影響もあり，子どものいる世帯の生活は，決して楽なものではない。2008年の「国民生活基礎調査」における「生活意識の状況」では，「苦しい」（「大変苦しい」「やや苦しい」）の割合は，「全世帯」では57.2％であるのに対して，「児童のいる世帯」は62.1％となっており，子育て中の世帯の生活苦がうかがわれる[3]。

　それでは，どのような虐待が行われていたのであろうか。心中以外の事例における主たる虐待の種類は，身体的虐待が約8割，ネグレクトが約2割であり，ネグレクトによる死亡事例も少なくない。心中以外の事例のうちネグレクトが原因で亡くなった子どもは12人であるが，このうちの6人は生後間もなくの遺棄，4人は留守中の火災や車内放置，2人は長期間にわたり適切な監護を怠っていたことが疑われる事例であった。

　昨今においても，「保護者の長期にわたる不在」というネグレクトにより，幼い子どもが死亡した事件が世間の耳目を集めた。2010年7月，大阪市内のマンションで幼い女児（3歳）と男児（1歳）の一部白骨化した遺体が発見され，行方がわからなくなっていた23歳の母親が，死体遺棄容疑で逮捕された。その後，ネグレクトによる殺人が確認され，殺人容疑での再逮捕となった。

　母親は，同年6月下旬に，「育児がいやになった」ことを理由に，子どもを残し，家を出た。残された子どもたちが，外に出られないように，粘着テープでドア等には細工が施されていた。この若い母親は，どのような状況で，子育てを行っていたのであろうか。当初，この事件は，「ひどい母親」というイメージで報道がなされ，世間もそのような非難の目で見ていた。しかし，少しずつ周辺情報が明らかになっていく中で，母親自身が子育てに悩み，大阪に転居す

る以前の居住地では，区役所に子育ての悩みを相談し，「一時保護」の申し出を行っていたことや長女が実際に一時保護されていた事実も判明した。相談したのは，母親が家を出る約6か月前であり，約4か月前に長女は県警により一時保護されており，児童相談所には，「育児放棄（ネグレクト）に発展する可能性がある」という通告がなされていた。

　たくさんの人がこの世の中で生活をしているが，その誰もが，本当に必要なときに，他者とつながっているわけではない。この母親も職場の人や遊び友だちなど，人とのつながりがまったくなかったわけではない。しかし，生きていく上での困難や悩みを相談し，必要な支えを得るために，誰かとつながるという点においては，事実上，困難な状況にあった。母親は友だちや同僚には自分の子育ての悩みを打ち明けることができなかった，誰かに助けてもらいたくてSOSを発したが，それがうまくつながっていかず専門機関同士の連携がうまくつくりだせなかった等，いくつかのチャンスがありながらも，まさに，子育てにおいては，「孤育て」の状況に陥っていた。

　もちろん，「子育て」は，困難や苦しいことばかりではない。子どもを育てる中で，自分自身の成長を感じることができたり，子どもと一緒にいること，子どもと一緒に何かをすることを楽しんだり，満足感や喜びを感じることもできる。そして，なにより，子どもを通して，新たな人間関係を得て，世界が広がるということも少なくない。「子育て」に対する保護者の思いは，プラス・マイナス，その両方の感情の併存が自然な姿であろう。

　しかし，ひとたび，不安や悩みといったマイナスの感情がプラスの感情を過剰に上回り，自分の気持ちや生活の多くの部分をマイナスの感情が埋め尽くし，バランスを崩し始めると，生きること，生活することに困難をきたす。そして，人は，何とかして，バランスを回復したい，そのことを解消・解決したいと願う。自分自身で解決できる場合はよいが，自分以外の何か，または誰かの助けを必要とする場合には，情報にアクセスすることや相談できる誰かとつながることが必要になる。「孤育て」の状況では，このような情報や誰かとつながることに困難を抱えることになる。「何か」や「誰か」に「つながる力」をもつことは，私たちが生きていくことを支えてくれる，ということに異論を唱える人はいないであろう。しかし，注意しなければならないのは，このことが，何

かや誰かに「つながる力」をもつことができない，あるいはできなかった人を批判したり，排除する埋由にはならないということである。すなわち，個人としての責任の問題だけでは語れないということである。

2004年に是枝裕和監督の日本映画，「誰も知らない Nobody Knows」が公開された。キネマ旬報やフランドル国際映画祭において最優秀作品賞を受賞するなど，国内外で数々の賞を受賞し話題となった作品である。この映画は，1988年に起きた「西巣鴨子ども4人置去り事件」と呼ばれた事件がモチーフとなっている。

事件の概要を簡単に述べておこう。1988年7月，マンションの一室で乳児の遺体が発見された。そのことにより，そこで4人の幼い兄妹（当時14歳，7歳，5歳，2歳）が，子どもたちだけで生活していたことが発覚した。母親は前年の9月頃から愛人の元に出かけ，留守にすることも多くなり，1月中旬頃から同棲を始め家に帰らなくなった。そのため，約半年間にわたって，子どもたちだけで生活することを余儀なくされたのである。この事件では，当初，三女の行方がわからなくなっていたのだが，兄の友人の主導によるせっかんが原因で，4月に死亡していたことがまもなく発覚した。

> 「母親は新しい恋人と暮らすためにアパートを出る。こどもたちは誰も出生届けが出されておらず（つまり法律的には彼らは存在していない），学校へも行ったことがなかった。彼らは時折母から送られてくる現金書留を頼りに，アパートの一室で半年に渡って生活を続けていく。
> 末娘の死が発覚して，こども達だけのこの生活には不幸な形でピリオドが打たれるのだが，驚いたことに彼らの存在（隠れて暮らしていた3人の妹たち）をアパートの住人は誰ひとり知らなかった。つまり，彼らは社会的にも存在していなかったわけである。」（『演出ノート』是枝裕和，2005より）

是枝監督の『演出ノート』の記述にあるように，この子どもたちは，存在していたにもかかわらず，社会的な存在として認められていなかった。そうではあるのだが，果たして，子どもたちの存在を誰も本当に「知らなかった」のだろうか。3人の妹たちの兄である長男は，母の不在中，妹たちの食事の世話な

どを行うために，近所のコンビニエンス・ストアーに出入りをしたり，同じくらいの年頃の子どもと知り合いになり，彼らを家に招き入れ，一緒に遊んだりしていた。長女も「母親が家に帰ってこないから心配」と，何度も119番に電話をしていたという。幼い子どもたちだけの孤独で過酷な生活を，社会は見過ごしてしまっていたのではないだろうか。

　私たちは，決して，他者のことが気にならないわけではない。しかし，その「気になる」ということに対する感覚が，変質してきているのかもしれない。地域社会の関係性がまだ豊かなかたちで維持されていた時代には，ちょっとした異変に気づけば，周囲の人がそれを放っておかない風潮があった。近所には，いわゆる「お節介なおばさんやおじさん」が存在していた。公園に行けば，ぼんやりとベンチに座っている近所の人や井戸端会議に花を咲かせる人たちがいたものだ。そして，たとえば，子ども同士のけんかが目の前で始まる。はじめこそ，見守りながらも，介入が必要だと判断したときには仲裁に入っていた。しかし，現在は，「気になる」ことがあっても，そのことに深くかかわることに対して，躊躇したり，その意識が希薄であったり，「気づく」感性すらやや鈍くなってきているのではないだろうか。また，公園でぼんやりとベンチに座っていようものなら，不審者として認識されかねない状況もある。

　私たちは，この世の中で多くの他者とともにみずから存在しながらも，その関係性は，一時的であったり，表面的であり，肝心なときに，ともに生きることを支え合うという意味でのつながりをもてず，孤立してしまう傾向があるように思われる。このような現代社会の歪(ゆがみ)に生まれた先の事件の子どもたちの状況は，まさに，「社会的なネグレクト」の状態であったといえるのではないだろうか。

　「つながる」ことが困難な状況にあるということは，私たち，社会に，「つながる」ことを支援することが求められていると捉えることもできる。保育者が，名実ともに，子どもと保護者にとって身近な支援者であるためには，目の前で起こっていること，見聞きしたこと，さまざまな社会で起こる事象に対して，それを他人事として捉えるのではなく，みずからと関係していることとして捉え，かかわること，考えることが求められるのである。

(2) 保育におけるソーシャルワークの必要性－人と環境との相互作用

　第1章でも紹介した「ケースワークの母」とも呼ばれたメアリー・リッチモンドは、ソーシャル・ケース・ワークを最初に定義した人として知られている。リッチモンドによると、ソーシャル・ケース・ワークは、「人間と社会環境との間を個別に、意識的に調整することを通してパーソナリティを発達させる過程からなりたっている」[4]。

　私たちの生活は、他者との関係性を含め、さまざまな環境とのつながりによって支えられている。毎日、何気なく過ごしていると、その環境があたりまえのように感じられ、この先も持続的に存在していることが当然であるかのように考えてしまう。そして、ひとたび、いつもと違うことが起こったり、壁に突き当たったりした際に、自分の生活が、実は、私たちを取り巻く多様な環境によって、すなわち、環境との微妙なバランスの中で支えられていることに気づく。蛇口をひねれば、あたりまえのように出てくると思っている水道の水も、断水のときには、水のありがたさにあらためて気づかされる。困ったときに親にも頼れず途方に暮れていたら、近所の人が声をかけてくれた。日頃は「つながっている」という感覚すらないかもしれないが、ふとした瞬間に、その「つながり」である周囲の環境に支えられていることに気づかされる。

　西巣鴨の事件の子どもたちは、SOSをどこかで発しながらも、それを受け止めてもらうことができなかった。周囲の人々も、何か違和感を感じながらも、その違和感の所在を確かめることができなかった。ソーシャルワークでは、人と環境との相互作用に着目する。人々が何か困難を抱えてしまうときには、その人個人の問題というよりもむしろ、その人とその人を取り巻く環境との関係がいかなるものであるのかに目を向ける必要がある。私たちの生活上の困難は、環境とのバランスが崩れたところ（不調和）の中で生じる。

　当然のことながら、この事件の発端となった、母親の育児放棄は非難されるべき面があるものの、この親子を取り巻く環境との関係性にも目を向ける必要がある。現に子どもたちは、社会に存在し、生活を続けていた。もっと強く子どもたちがSOSを発信すればよかったのか、周囲がもっとSOSを敏感に感じ取ればよかったのか。二者択一的な問題の捉え方ではなく、子どもたちのSOSをキャッチできない地域のあり方とは何だろうか、この母子と地域社会

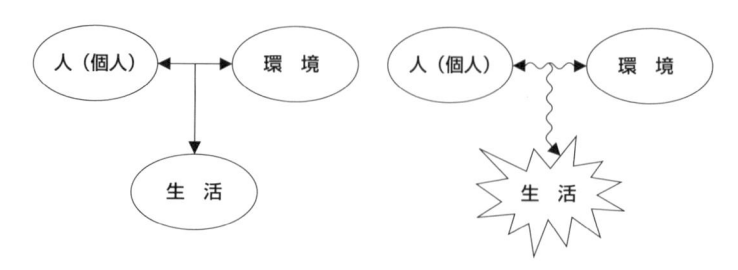

図 4-1　人と環境との相互作用

との関係性はいかなるものであったのだろうかという点に目を向けたい。人と環境との不調和の中で，事件は起こってしまったのである。

　問題を一人で抱え込んでしまう「孤独」な母親たち，そして，大阪や西巣鴨の事件から示唆されるような「つながる」ことが困難な社会状況があるからこそ，現在，ソーシャルワークという視点・機能がますます求められている。つまり，個人と個人，個人と社会とをつなぐ支援が求められているのである。

　ここで，少し整理をしておこう。人々の生活は環境との相互作用である「つながり」の中で成り立っている。人と環境とが調和を保っているときには，生活は安定しているが，ひとたび，不調和が生じると，生活は不安定になる（図4-1）。たとえば，子育て中の保護者であれば，保育所に子どもを預けるということで，家庭の外である保育所につながる。病気になれば，病院に連れていくだろう。育児に悩めば，同じ境遇にある子育て中の人に相談したり，保育所や児童相談所，児童家庭支援センター等の専門機関に相談するかもしれない。いろいろな人や関係諸機関と「つながる」ことを通して，生活の中で生じた困難や課題を乗り越え，解決しながら，バランスを保っている。しかし，たとえば，子育ての悩みを誰にも相談できず，孤立し，その状態が長期にわたれば，子育てに疲れ果て，保護者自身が体調を崩してしまったり，ストレスから，子どもへの虐待に至ってしまうこともあるだろう。その置かれている環境との折り合いがつかなくなってしまうのである。まさに，私たちの生活は，人と環境との相互作用の中でかたちづくられていき，その結び目のところで，多様な人や関係諸機関等がかかわること，つまり，さまざまな「つながり」の中で生活が成り立っていることを忘れてはならない。

さまざまな困難や問題は，その人と環境との不調和の中で生じるのであるが，その不調和を解消するための「つながり」を形成することに困難を抱えるのが現代社会である。先にもふれた近所の「お節介なおばさんやおじさん」の世話焼きなど，これまでは，自然発生的に地域の中に「つながり」が形成される社会があった。しかし，現在は，隣近所とのつき合いも希薄になり，何らかのかたちで，意図的に「つながり」をつくらなければ，人と人，人と社会とが結びつくことが難しい時代となっている。

　たとえば，「子育てサロン」「子育てサークル」や「子育て広場」等の名称で，親子が集う場の設定が，草の根の民間活動として，また，社会福祉協議会等の公的な支援によって行われている。従来であれば，子育てを行っている親子が，隣近所で顔を合わせ，一緒に子どもを遊ばせるといった日常の中で，顔の見える関係性が形成されてきたものであるが，現代社会では，そのきっかけをつかめず，地域の中で孤立してしまう家族がいる。その孤立を予防・防止するための手段として，「子育て」ということを共通項として人々を結びつけていく仕掛けが求められたのである。

　人と人，人と社会を結びつけるという部分に関与する保育者には，これまで以上に，人と環境との相互作用に着目するソーシャルワーク的な視点をもち，業務を遂行することが求められている。職場における子ども一人ひとり，子ども同士，個々の保護者や保護者同士の関係づくりや調整，職場における保育者同士のチームワーク，地域社会を含む関係諸機関との連携や社会資源の活用等を通して，保育実践はより豊かなものとなる。

　そもそも，「子育て」とは，保育の現場で完結するものではない。私たちの生活が環境との相互作用の中でかたちづくられていることを考えるならば，保育者自身がいろいろな人や関係諸機関とつながりながら，一人ひとりの子ども，一つひとつの家族にかかわっていくことが重要なのである。

2. 保育において求められるソーシャルワーク機能の位置づけ

　ここでは，保育において求められるソーシャルワーク機能が，法制度の中でどのように位置づけられているのかを確認しておく。

(1)「保育士」の国家資格化－ソーシャルワーク機能を付加した保育実践へ

「保育士」は、どのように誕生したのであろうか。その歴史を振り返ることで、保育者が担う役割の変遷をたどることができる。

1998年の児童福祉法施行令改正により、「保育士」という資格名称が誕生した。その第13条には、「児童福祉施設において、児童の保育に従事する者を保育士といい、厚生大臣の指定する保育士を養成する学校その他の施設を卒業した者、保育士試験に合格した者」と規定された。「保育士」という名称が誕生するまでは、「保母」と呼ばれていた。保母資格は、1948年の児童福祉法施行令第13条において「児童福祉施設において、児童の保育に従事する女子を保母といい、厚生大臣の指定する保母を養成する学校その他の施設を卒業した者、保母試験に合格した者をもってこれに充てる」と規定されており、条文からもわかるように、「女子」を対象とした資格であった。それでは、男性はいなかったのだろうか。男性であっても、たとえば、幼稚園や保育所の経営者として、あるいは、職員として、男性が保育に従事していた例はある。つまり、保育の現場に男性がいなかったのではなく、資格として認められていなかったのである。その当時の男性の保育者は、資格が認められていなかったために、身分保障がなされず、収入、雇用面で不安定な状況にあった。

この状況に対する対応として、1977年の児童福祉法施行令第22条の中で、「児童福祉施設において児童の保育に従事する男子について準用する」と規定され、男性の保育者が正式に認められたかたちとなるが、名称が認められたわけではなく、一般的な俗称として「保父」と呼ばれることが多かった。男性が保育に従事することが認められたとはいえ、呼称はあいかわらず、法律上「保母」のままであるという矛盾を抱えていたため、その後、展開された男性保育者の運動や男性保育者の認知の深まり等を受け、1998年の児童福祉法施行令改正により、男女共通の呼称である「保育士」とう名称に変更されたのである。

2001年の児童福祉法の一部を改正する法律（平成13年法律第135号・2001年11月30日公布）により、第18条の4において、「保育士とは、第18条の18第1項の登録を受け、保育士の名称を用いて、専門的知識及び技術をもって、児童の保育及び児童の保護者に対する保育に関する指導を行うことを業とする者をいう」と規定され、保育士資格は、これまでの任用資格ではなく、名称独

占の国家資格として法定化され，それと同時に，保育士の定義が見直されたことが条文に示されている。

先に示したように，1998年の児童福祉法施行令改正の第13条では，「保育士」は，「児童福祉施設において，児童の保育に従事する者」と規定されていたが，2001年の改正では，「専門的知識及び技術をもって，児童の保育及び児童の保護者に対する保育に関する指導を行うことを業とする者」として，保育士の専門職としての位置づけとともに，「保育に関する指導」を通して保護者支援を行うことが追記された。これは，ケアワークを中心とする保育からソーシャルワーク機能を付加した保育への転換としてみることができる。

(2) 地域の子育て支援へ－保育者の役割の多様化，深化・拡大

2008年に，「保育所保育指針」が3度目の改定を迎えた。改定の背景については，2007年12月21日に，「『保育所保育指針』改定に関する検討会」が提出した「保育所保育指針の改定について（報告書）」の中でふれられている。報告書によると，以下の2点が背景としてあげられている。

---

(1) 乳幼児期は，子どもが生涯にわたる人間形成の基礎を培う極めて重要な時期であり，家庭や地域の子育て力の低下が指摘される中で，保育所における質の高い養護や教育の機能が求められている。特に，昨年12月に制定された教育基本法に幼児期の教育の振興が盛り込まれるなど，就学前の子どもに対する教育機能の充実が課題となっている。

(2) 保育所に入所している子どもの保育とともに，その保護者に対し，就労状況や子どもとの関係等を踏まえた適切な支援，更には地域の子どもやその保護者に対する子育て支援を担う役割が一層高まっている。

生活環境，子育て環境の変化により，保育所に期待される役割は多様化，深化・拡大してきている。そのような社会状況を受け，「保育所保育指針」が改定されたのであるが，とくにここでは，2つ目の点に着目してほしい。先にふれた児童福祉法改正と同様に，ここでも，保育所に通う子どもとその保護者への支援とともに，地域の子育て支援を担うことが重視されている。

このことは，何を意味しているのであろうか。子育て中の親子にとって重要

なのは，生活圏である，地域社会が安心・安全な場所であることである。とくに，子どもの年齢が小さければ小さいほど，遠方ではなく，生活圏である地域で過ごす時間が長くなるものである。生活の大半を過ごす地域が安心で安全な場所であるか否かは，子育て中の親子にとっては，切実な問題である。

保育所が入所の子どもと保護者のみならず，地域の子育て家庭を支援することは，地域を安心で安全な場所にする一つの方法である。地域で孤立しがちな親子にとっては，保育所とつながることが，安心をもたらす。また，保育所に子どもを預けている保護者とつながる機会にもなろう。そこで結ばれた関係を地域生活の中でも活かすことができれば，保護者同士が，日常的に相談をし合ったり，お互いに支え合うことができる。

今や，保育者の業務はみずからが勤務する施設内にとどまらず，広範になっている。当然のことながら，保育士の活躍の場は，保育所に限らない。乳児院や児童養護施設，情緒障害児短期治療施設等，保育所以外の児童福祉施設においても，施設内にとどまらず，地域の子育て支援に対する取り組みが求められている。

たとえば，1997年の児童福祉法改正により，児童家庭支援センターの設置が盛り込まれた。児童家庭支援センターは，法律上，次のように位置づけられている。「地域の児童の福祉に関する各般の問題につき，児童に関する家庭その他からの相談のうち，専門的な知識及び技術を必要とするものに応じ，必要な助言を行うとともに，市町村の求めに応じ，技術的助言その他必要な援助を行うほか，第26条第1項第2号及び第27条第1項第2号の規定による指導を行い，あわせて児童相談所，児童福祉施設等との連絡調整その他厚生労働省令の定める援助を総合的に行うことを目的とする施設とする。」（児童福祉法第44条の2第1項）。現在，その多くは，児童養護施設に付置されるかたちで設置されている。

保育所や児童養護施設をはじめとする児童福祉施設には，これまでの実践を通して蓄積された子どもの養育や保護者への支援の方法や工夫を，地域の子育て支援に活かしていくことが求められている。そして，そのためには，その役割を十分果たすことができるように，つまり，社会に還元できる実践を丁寧に積み重ねていく必要がある。

3. 保育におけるソーシャルワーク

(1) 保育におけるソーシャルワーク

それでは，具体的に保育におけるソーシャルワークとは，何を意味しているのだろうか。厚生労働省は，「保育所保育指針」を改定するとともに，『保育所保育指針解説書』を作成している。まずは，解説書をもとに確認しておこう。「第6章　保護者に対する支援」の解説の中には，「ソーシャルワークとは」というコラム（解説書，p.181）がある。

> ◎コラム：ソーシャルワークとは
> 　生活課題を抱える対象者と，対象者が必要とする社会資源との関係を調整しながら，対象者の課題解決や自律的な生活，自己実現，よりよく生きることの達成を支える一連の活動をいいます。対象者が必要とする社会資源がない場合は，必要な資源の開発や対象者のニーズを行政や他の専門機関に伝えるなどの活動も行います。さらに，同じような問題が起きないように，対象者が他の人々と共に主体的に活動することを側面的に支援することもあります。
> 　保育所においては，保育士等がこれらの活動をすべて行うことは難しいといえますが，これらのソーシャルワークの知識や技術を一部活用することが大切です。

　上記のコラムにも示されているように，ソーシャルワークとは，「生活課題を抱える対象者」と「対象者が必要とする社会資源」との関係調整を行いながら課題の解決等を促すこと，すなわち，人と環境との相互作用に着目した支援を行うことを意味しているといえよう。
　コラムでは，「保育所においては，保育士等がこれらの活動をすべて行うことは難しい」としており，部分的にでも，ソーシャルワークの機能を保育に活かすことが大切であると述べられている。保育所に限らず，保育所以外の児童養護施設であっても，支援内容の中心は，ケアワークである。ケアワークを中心に据えながら，いかに，その中にソーシャルワークの機能を組み込んでいくのか，ということが重要なのである。ソーシャルワークと聞くと，何か複雑なことを支援の中で行っていかなければならないと捉えるかもしれないが，実は，

すでに，支援の中にその要素が盛り込まれているものでもある。

これまで述べてきたように，「人と環境との相互作用」に着目した支援である点にソーシャルワークの特徴がある。保育者は無意識のうちに，その点をふまえ支援を行っているものである。たとえば，自分の子どもの発達に遅れがあるのではないかと心配している保護者の相談に乗りながら，必要に応じて，専門機関である社会資源につなぐという調整を行うことで，保護者の不安を軽減し，生活を安定させるための手立てを提供する。仕事の関係で保育所の送迎の際に，保育者と保護者が話をする時間を捻出することが難しい場合には，保護者に時間をつくることを強いるのではなく，どうすれば必要な情報を伝え合うことができるのかを考える。たとえば，保護者の負担にならないように連絡帳への記載方法を工夫し，継続して情報を交換できるようにしたり，保育所で子どもたちが過ごしたその日一日の様子を画用紙１枚にまとめ，お迎えの時間に合わせて保育所の玄関に掲示し，保護者が短時間で，子どもの様子を把握できる工夫を行うこともあるだろう。また，保護者の中には，他の保護者との関係を形成することができず，孤独感を深める場合もある。その際には，たとえば，バザー等の催し物の機会を活用して，保護者同士がかかわりをもつことができるような場を設定し，保護者同士の関係形成が促進されるように環境を整え，人と人を結びつけていくのである。

人と環境との相互作用に着目しながら，保育者が，ソーシャルワーク機能を発揮する際にその中心となるのは，次のようなかかわりになろう。すなわち，子どもや保護者に個別にかかわること，子ども集団，保護者集団という集団を対象としてかかわりを行うこと，そして，先にも述べたように，地域の子育て支援に対して実践の蓄積を活かすこと，その際には必要に応じて他の関係諸機関である社会資源を活用しながら，バランスを図っていくことである。いずれの場合においても，支援の意図を明確にした上でかかわり，みずからの実践に対しては日常的に振り返りを行う（検証する）ことを習慣としてほしい。

(2) 保育者に求められる倫理観

保育者が活躍する場は，多岐にわたる。たとえば，保育所，児童養護施設，乳児院，母子生活支援施設，障害児施設，児童館，学童保育の現場など幅広く，

それぞれの施設種別，職場に合わせて，少しずつ業務内容や勤務形態，求められる専門性等の違いはあるものの，子どもたちの健やかな成長・発達を中心に据えて支援を展開しているという点では共通している。

児童福祉法改正とともに，保育士の業務がケアワークからソーシャルワーク機能を備えた実践へと拡大する中で，援助の理念や原則，プライバシー保護に対する配慮等についても，これまで以上に意識されるようになった。

「倫理綱領」には，専門職が遵守すべき理念，行動規範が盛り込まれている。これらの倫理綱領は，1989年に国際連合の総会にて採択された「児童の権利に関する条約（子どもの権利条約）」において明示された「子どもの最善の利益」をふまえ，子どもとその養育者を支援するとともに，地域の子育て支援や地域福祉の増進に努めること，それらのことを関係諸機関，地域との連携・協働で進めることが明記されている。

倫理綱領に明記されている守秘義務に関しては，児童福祉法第18条の22にも「保育士は，正当な理由がなく，その業務に関して知り得た人の秘密を漏らしてはならない。保育士でなくなった後においても，同様とする。」と規定され，第61条の2で，「第18条の22の規定に違反した者は，1年以下の懲役又は50万円以下の罰金に処する。」と罰則規定も設けられた。

以下，保育所，児童養護施設の「倫理綱領」を例示する。

「全国保育士会倫理綱領」（2003年採択）

すべての子どもは，豊かな愛情のなかで心身ともに健やかに育てられ，自ら伸びていく無限の可能性を持っています。

私たちは，子どもが現在（いま）を幸せに生活し，未来（あす）を生きる力を育てる保育の仕事に誇りと責任をもって，自らの人間性と専門性の向上に努め，一人ひとりの子どもを心から尊重し，次のことを行います。

　　私たちは，子どもの育ちを支えます。
　　私たちは，保護者の子育てを支えます。
　　私たちは，子どもと子育てにやさしい社会をつくります。
（子どもの最善の利益の尊重）
1．私たちは，一人ひとりの子どもの最善の利益を第一に考え，保育を通してその

福祉を積極的に増進するよう努めます。

(子どもの発達保障)

2．私たちは，養護と教育が一体となった保育を通して，一人ひとりの子どもが心身ともに健康，安全で情緒の安定した生活ができる環境を用意し，生きる喜びと力を育むことを基本として，その健やかな育ちを支えます。

(保護者との協力)

3．私たちは，子どもと保護者のおかれた状況や意向を受けとめ，保護者とより良い協力関係を築きながら，子どもの育ちや子育てを支えます。

(プライバシーの保護)

4．私たちは，一人ひとりのプライバシーを保護するため，保育を通して知り得た個人の情報や秘密を守ります。

(チームワークと自己評価)

5．私たちは，職場におけるチームワークや，関係する他の専門機関との連携を大切にします。

　　また，自らの行う保育について，常に子どもの視点に立って自己評価を行い，保育の質の向上を図ります。

(利用者の代弁)

6．私たちは，日々の保育や子育て支援の活動を通して子どものニーズを受けとめ，子どもの立場に立ってそれを代弁します。

　　また，子育てをしているすべての保護者のニーズを受けとめ，それを代弁していくことも重要な役割と考え，行動します。

(地域の子育て支援)

7．私たちは，地域の人々や関係機関とともに子育てを支援し，そのネットワークにより，地域で子どもを育てる環境づくりに努めます。

(専門職としての責務)

8．私たちは，研修や自己研鑽を通して，常に自らの人間性と専門性の向上に努め，専門職としての責務を果たします。

社会福祉法人　全国社会福祉協議会
全国保育協議会
全国保育士会

「全国児童養護施設協議会倫理綱領」(2010年5月17日年策定)

原則
　児童養護施設に携わるすべての役員・職員（以下，『私たち』という。）は，日本国憲法，世界人権宣言，国連・子どもの権利に関する条約，児童憲章，児童福祉法，児童虐待の防止等に関する法律，児童福祉施設最低基準にかかげられた理念と定めを遵守します。
　すべての子どもを，人種，性別，年齢，身体的精神的状況，宗教的文化的背景，保護者の社会的地位，経済状況等の違いにかかわらず，かけがえのない存在として尊重します。

使命
　私たちは，入所してきた子どもたちが，安全に安心した生活を営むことができるよう，子どもの生命と人権を守り，育む責務があります。
　私たちは，子どもの意思を尊重しつつ，子どもの成長と発達を育み，自己実現と自立のために継続的な援助を保障する養育をおこない，子どもの最善の利益の実現をめざします。

倫理綱領
1. 私たちは，子どもの利益を最優先した養育をおこないます
　　一人ひとりの子どもの最善の利益を優先に考え，24時間365日の生活をとおして，子どもの自己実現と自立のために，専門性をもった養育を展開します。
2. 私たちは，子どもの理解と受容，信頼関係を大切にします
　　自らの思いこみや偏見をなくし，子どもをあるがままに受けとめ，一人ひとりの子どもとその個性を理解し，意見を尊重しながら，子どもとの信頼関係を大切にします。
3. 私たちは，子どもの自己決定と主体性の尊重につとめます
　　子どもが自己の見解を表明し，子ども自身が選択し，意思決定できる機会を保障し，支援します。また，子どもに必要な情報は適切に提供し，説明責任をはたします。
4. 私たちは，子どもと家族との関係を大切にした支援をおこないます
　　関係機関・団体と協働し，家族との関係調整のための支援をおこない，子どもと，子どもにとってかけがえのない家族を，継続してささえます。
5. 私たちは，子どものプライバシーの尊重と秘密を保持します
　　子どもの安全安心な生活を守るために，一人ひとりのプライバシーを尊重し，

秘密の保持につとめます。
6. 私たちは，子どもへの差別・虐待を許さず，権利侵害の防止につとめます
　　いかなる理由の差別・虐待・人権侵害も決して許さず，子どもたちの基本的人権と権利を擁護します。
7. 私たちは，最良の養育実践を行うために専門性の向上をはかります
　　自らの人間性を高め，最良の養育実践をおこなうために，常に自己研鑽につとめ，養育と専門性の向上をはかります。
8. 私たちは，関係機関や地域と連携し，子どもを育みます
　　児童相談所や学校，医療機関などの関係機関や，近隣住民・ボランティアなどと連携し，子どもを育みます。
9. 私たちは，地域福祉への積極的な参加と協働につとめます
　　施設のもつ専門知識と技術を活かし，地域社会に協力することで，子育て支援につとめます。
10. 私たちは，常に施設環境および運営の改善向上につとめます
　　子どもの健康および発達のための施設環境をととのえ，施設運営に責任をもち，児童養護施設が高い公共性と専門性を有していることを常に自覚し，社会に対して，施設の説明責任にもとづく情報公開と，健全で公正，かつ活力ある施設運営につとめます。

社会福祉法人　全国社会福祉協議会
全国児童養護施設協議会

■引用文献

1) 厚生労働省「子ども虐待による死亡事例等の検証結果等について(第6次報告)」（社会保障審議会児童部会児童虐待等要保護事例の検証に関する専門委員会），http://www.mhlw.go.jp/bunya/kodomo/dv37/index_6.html 参照。なお，調査期間は，2008年4月1日から2009年3月31日である。
2) 厚生労働省「平成20年　国民生活基礎調査の概況」，http://www.mhlw.go.jp/toukei/saikin/hw/k-tyosa/k-tyosa08/index.html 参照。
3) 前掲2)
4) メアリー・E・リッチモンド（小松源助訳）『ソーシャル・ケース・ワークとは何か』pp.57-59, 中央法規出版，1991

第5章
ソーシャルワーク実践の方法と技術

1. ソーシャルワーク実践の体系

(1) 子ども・保護者を支援する視点

　私たちが，誰かを支援する目的とは何だろうか。究極的には，その人の心身の負担や不安が少しでも軽くなり，前向きに，これから先の第一歩を踏み出せるように支援することであろう。私たち保育者と対象となる子ども・保護者との関係は，窪田暁子の言葉を借りるならば，「『直面している生活困難』を媒介にして結ばれる援助関係であり，一連の援助が終われば消滅するか，あるいは別の関係に移行するもの」であり，「同時にそれらは個人的に提供されるものではなく，公共性を持つ活動として，社会的に責任を持って展開され，多くの場合，根拠となる法律に基づいたり，実施団体の綱領や目的に即して行われ，利用者の人権とニーズを中心に展開される」[1] 関係である。

　さらに，続けて，窪田は，人々の生活が多様性に充ちたものであることにふれ，「生活の仕方を援助するということは一定の型にはまった暮らし方を要求したり教え込んだりすることではない」，「人生の送り方も，そのどこに意味を見出していくかということも，それぞれの人間が自ら決定すべきものであって，他人が介入することはできない」と指摘する [2]。

　そうであればこそ，私たち保育者には，「特別の自制と，すべての人間に対してその尊厳にふさわしい敬意を持って相対する姿勢と，相手の人権を尊重する接し方が求められ，それらのためには，特別の教育と訓練が求められる」のである。そして，「人間の生活の全体を，具体的に把握し，理解する力」，相手との「共感的相互理解を可能にする十分な知識と，基本的コミュニケーション

技術」が必要なのである³⁾。

ここでは，子ども・保護者を支援する際の視点として，人権の尊重，生活の理解，共感的理解の3点について詳しくみていこう。

1) 人権の尊重

憲法学者の横藤田誠は，近代立憲主義に基づく世界最初の成文憲法であるアメリカ・ヴァージニア憲法（1776年）には，「人権の人権たるゆえん」である「人権の核心」が述べてあるという⁴⁾。それは，次に示す憲法の1項に述べられており，3点の重要な視点が盛り込まれている。

> 1項　すべて人は生来ひとしく自由かつ独立しており，一定の生来の権利を有するものである。これらの権利は人民が社会を組織するに当り，いかなる契約によっても，人民の子孫からこれを奪うことのできないものである。かかる権利とは，すなわち財産を所得所有し，幸福と安寧とを追求獲得する手段を伴って，生命と自由とを享受する権利である。

重要な視点の1つめは，「人権の普遍性」である。「すべての人」に，人権は平等に保障されている。2つめは，「人権の固有性」である。人権とは，人が人であるがゆえに無条件にもっている「生来の権利」である。3つめは，「人権の不可侵性」である。「人権は，統治者が誰であっても侵されない」ものであり，「民主制のなかでの多数者による決定をも超える力」が人権にはあるということを意味している。

私たちは，皆生まれながらに侵されることのない「人権」をもっている。私たちは，他者からひどい仕打ちを受けたり，ぞんざいな扱いを受けると，つい，その人を尊重することをやめてしまいたいと思ってしまう。自分の存在が尊重されなかったのであるから，そのように思うのは当然のことである。しかし，それでも，やはり「人権」が損なわれたり，減じられたりしない，ということを先の3つの視点は示している。つまり，条件つきで，人権が認められたり，損なわれたりしてはならないのである。日常生活では，自分の価値観や倫理観とは相容れないさまざまなことが起こる。「人権」感覚を忘れずに，保育実践に従事したい。

私たち，皆に保障されている「人権」は，当然のことながら，子どもにおい

ても同様に保障されている。長きにわたり，子どもにとっては，人権を保障されていない不遇な時代が続いた。スウェーデンの思想家エレン・ケイ（Key, E.K.S.）が，20世紀は「児童の世紀」[5]とすることを主唱してから，少しずつではあるが，子どもの権利を保障するしくみがつくられてきた。たとえば，次のような宣言や法律，条約によって，明文化され，具体化されてきた。

「児童権利宣言」（1959年11月20日　国連第14回総会にて採択）前文より
　人類は，児童に対し，最善のものを与える義務を負うものであるので，よって，国連総会は，児童が，幸福な生活を送り，かつ，自己と社会の福利のためにこの宣言を掲げる権利と自由を享有することができるようにするため，この児童権利宣言を公布し，また，両親，個人としての男女，民間団体，地方行政機関および政府に対し，これらの権利を認識し，次の原則に従って漸進的に執られる立法その他の措置によってこれらの権利を守るよう努力することを要請する。

「児童福祉法」（1947年12月12日公布　1948年年1月1日施行）
第1条　すべて国民は，児童が心身ともに健やかに生まれ，且つ，育成されるよう努めなければならない。
　　2　すべて児童は，ひとしくその生活を保障され，愛護されなければならない。
第2条　国及び地方公共団体は，児童の保護者とともに，児童を心身ともに健やかに育成する責任を負う。
第3条　前2条に規定するところは，児童の福祉を保障するための原理であり，この原理は，すべての児童に関する法令の施行にあたって，常に尊重されなければならない。

「児童憲章」（1951年5月5日制定）前文より
　われらは，日本国憲法の精神にしたがい，児童に対する正しい観念を確立し，すべての児童の幸福をはかるために，この憲章を定める。
　児童は，人として尊ばれる。
　児童は，社会の一員として重んぜられる。
　児童は，よい環境のなかで育てられる。

> 「児童の権利に関する条約（子どもの権利条約）」（1989年11月20日　第44回国連総会にて採択．日本は1994年4月に批准し，同年5月22日から国内での効力が発生）前文より
> 　……国際連合が，世界人権宣言において，児童は特別な保護及び援助についての権利を享有することができることを宣明したことを想起し，
> 　家族が，社会の基礎的な集団として，並びに家族のすべての構成員，特に，児童の成長及び福祉のための自然な環境として，社会においてその責任を十分に引き受けることができるよう必要な保護及び援助を与えられるべきであることを確信し，
> 　児童が，その人格の完全なかつ調和のとれた発達のため，家庭環境の下で幸福，愛情及び理解のある雰囲気の中で成長すべきであることを認め，
> 　児童が，社会において個人として生活するため十分な準備が整えられるべきであり，かつ，国際連合憲章において宣明された理想の精神並びに特に平和，尊厳，寛容，自由，平等及び連帯の精神に従って育てられるべきであることを考慮し，……

　「児童の権利に関する条約（子どもの権利条約）」では，主として，「生きる権利」「育つ権利」「守られる権利」「参加する権利」の4つに分類されている[6]。そして，権利の保障にあたっては，「子どもの最善の利益」を尊重するという考え方が，この条約によって浸透することとなった。ちなみに，「子どもの最善の利益」という考え方については，先にふれた「児童権利宣言」の第2条，第7条において，すでに使用されている。

> 「児童権利宣言」
> 第2条　児童は，特別の保護を受け，また，健全，かつ，正常な方法及び自由と尊厳の状態の下で身体的，知能的，道徳的，精神的及び社会的に成長することができるための機会及び便益を，法律その他の手段によつて与えられなければならない。この目的のために法律を制定するに当つては，児童の最善の利益について，最善の考慮が払われなければならない。
> 第7条　児童は，教育を受ける権利を有する。その教育は，少なくとも初等の段階においては，無償，かつ，義務的でなければならない。児童は，その一般的な教養を高め，機会均等の原則に基づいて，その能力，判断力並びに道徳的及び社会的責任感を発達させ，社会の有用な一員となりうるような教育を与えられなければならない。

> 児童の教育及び指導について責任を有する者は，児童の最善の利益をその指導の原則としなければならない。その責任は，まず第一に児童の両親にある。
>
> 児童は，遊戯及びレクリェーションのための十分な機会を与えられる権利を有する。その遊戯及びレクリェーションは，教育と同じような目的に向けられなければならない。社会及び公の機関は，この権利の享有を促進するために努力しなければならない。

「子どもの最善の利益」とは，端的に述べるならば，何か子どもに関することで判断を迫られた場合には，「子どもの最善の利益」を最優先にするということであり，判断の際や困ったときに立ち戻る指針といえる。

2) 生活の理解

ここで重要となるのは，「ライフの視点」である。窪田暁子は，ソーシャルワーク実践に携わる援助者は，「生活（Life）を生命活動，日々の暮らし，人生という3つのレベルでしっかりとその全体性をつかんだ上で，それら三つのレベルが深く相互に関連しているという事実」[7]を理解する必要があると述べる。生きるということは，連続した営みであり，その日々の暮らしを支えるということは，その軌跡の上にかたちづくられていくその人の人生そのものを支えることを意味する。私たちが保育者として，子どもや保護者に出会うということは，永久的にその関係が続くというのではなく，限られた時間・空間の中での出会いである。そうではあるのだが，支援においては，今に目を向けながら，これから（将来）への見通しをもつことが重要である。それが，生活を支援するということなのである。

生活を全体として把握し，理解していく際には，見通しをもつと同時に，自分と生活とのかかわりを意識することが必要である。たとえば，食の大切さを子どもや保護者に伝えていく際に，「大切である」との意識や具体的にどのように食生活を進めていけばよいのかという知識をもち合わせていたとしても，保育者自身の食生活が乱れていたり，おろそかにされているのでは，実感を伴って伝えることは難しい。私たち，それぞれの生活が独立して存在しているのではなく，自分の生活の連続線上に他者の生活もあるという視点が重要である。ある特別養護老人ホームに勤務する調理師のエピソードを紹介する[8]。

「有名レストランで働いていた頃は，高い食材を使い，あらゆる調理技術を駆使して，最高の料理を『どうだ』と言わんばかりに出していた。『お金を出してでも，美味しいものを食べに来い』というくらいの勢いがあった。ある日，転機が訪れ，特別養護老人ホームの調理員として働くことになる。ある朝出したお味噌汁の味に対して，同じテーブルで食べている利用者の方が『薄いなぁ，これ』と言われる。また，ある人は，『これ，濃いなぁ』と言われる。同じものを出しても，『薄い』，『濃い』という異なる評価が返ってきた。
　難しさを感じながらも，何とかみんなが『美味しい』と言って食べてくれるように作ろうと奮闘する日々が始まる。そんな毎日を繰り返す中で，気づいたことがある。レストラン勤務のときは，『お金払って，食べたいときに食べに来い』と思っていたが，目の前にいる利用者の方は違う。もちろん，これまで，利用者の方も，好きなものを好きなときに選びながら食べていたかもしれないが，施設入所している今，選んで食べるということは難しい状況である。毎日，自分のつくる料理を食べなければならない。利用者は自分の料理からは逃れられない。選ぶ余地なく，毎日，毎日自分の作る料理を食べるのだ，という当たり前の事実に気づいたとき，その責任の重さとプレッシャーを感じた。」

　この調理師の言葉からは，人間の生活は，「連続したもの」であり，その日々の生活を丁寧に支えることの重要性が示唆される。「利用者は自分の料理からは逃れられない。選ぶ余地なく，毎日，毎日自分の作る料理を食べるのだ，という当たり前の事実に気づいたとき，その責任の重さとプレッシャーを感じた」とあるように，調理師は，生活に対する理解が深まったことがうかがわれる。
　なぜ，このような気づきを得るに至ったのだろうか。このエピソードには，続きがある。

「そう思ったきっかけは，（自分の）子どもの卵アレルギー。目の前の子どもが，どうすれば美味しくごはんを食べてくれるのか，そのことを考えたことと重なる。」

　この調理師にとっては，みずからの子育ての中で，思い悩んだことが，職場での業務を支えてくれたのである。みずからの生活を通して，他者の生活を理解する。それは，まさに，自分と他者をつなぐことであり，それは，自分と社

会とをつなぐことでもある。保育者には，このような生活を理解する視点が求められるのである。

3）共感的理解

　困っている人に出会ったとき，私たちはどうするだろうか。たとえば，友だちが，人間関係での悩みを打ち明けてきたとき，荷物を両手に抱えドアの前で必死に扉を開けようとしている人を見かけたとき，満員電車に妊婦さんが乗車してきたとき，「私」は，どうするだろうか。手を差し伸べる，あるいは，見過ごしてよいものかと思いながらも，タイミングを逃し手助けできないときもあるだろう。

　渡辺律子は，なぜ，援助が起こるのかという援助の動機に関するコークら（社会心理学者：Coke, S., Batson, D., McDavis, K.)(1978) の実験研究にふれ，次のように述べている[9]。「①相手の苦境を認識する→②共感的感情がわき起こる，という流れがあって，はじめて人は援助活動に至る」。つまり，「ある人が他人の苦境を認識したとしても，そこで共感的感情がわき起こらなければ援助には至らない」ということであり，困っている人を助けるということには，「『被援助者の立場を想像することができる力』と，そこから生まれた気持ちを『共感的感情として正しく認めることができる力』の2つの条件が必要」なのである。

　それでは，「共感」とは，どのようなことを指すのであろうか。白石大介は次のように述べている[10]。私たちが生活をする中で，さまざまなものごとを成就する，すなわち，自己実現の達成には，はかりしれない喜びがある。いわば，私たちの生活はこの自己実現をめざしているともいえる。自己実現を達成する過程で，「まずは知的に目標を立て，情勢判断しながら目標に向かう」ことになるが，その目標や企ての進行具合によっては，「苦しみ，怒り，悲しみ，恐れ，喜び」のような感情を伴うことがある。人は，自己実現をめざす上で，「他者に自己の見方や考え方，生き方といったものを知的に理解されること」を望むが，それ以上に，「その背景にある感情，あるいはその思考過程に伴う感情に共感されたり，理解されることの方を望む」のではないだろうか。「精神衛生という観点からすれば，人間の個々の精神活動において，あるいは他者との人間関係において，何がもっとも人の安定を左右する要素となるかを考えた場

合，それは，情動である」と考えられる。人が，「精神的に，情緒的に安定するための要素として，『共感される』ということ」がとても重要なのである。

続けて，白石は，「共感」と混同されやすい概念として「同情」をあげ，その区別について，次のように述べている[11]。「共感」とは，「ともに感じる，もしくは感情をともにする」ということを意味し，「同情」は，「同じ情をもつ」ことを意味しているため，類似した言葉のように思われる。しかし，「共感」と「同情」とは，どのような立場に立ち，その感情を感じるのか，状況に対する理解の有無という点では，まったく異なっている。「共感」とは，「文字通りクライエントと共にする，つまり，クライエントの内なる立場に立って，クライエントが考え，思い，感じていることを，同じように感じとり理解すること」である。しかも，その際に重要なのは，「クライエントとの間には適当な心理的距離を保ちながら，クライエントの感情にまきこまれないように」することである。さらに，「クライエントに対する共感的な理解を示すためには，主観的，情動的な理解だけではなく，客観的，知的な理解」も必要になる。他方，「同情」とは，「相手と同じような情をもつ」という意味ではあるが，「相手の立場に立って理解するというよりも，自分の側から，自己の体験や価値観といった枠組みをもって，相手の気持ちなりを考えおしはかろうとするもの」である。したがって，「相手が直面している問題や経験に，自分の感情や思いといったものを相手に投影している」にすぎないのである。

すなわち，「共感」は，積極的に「相手の立場」に立ち，「相手の感情や思いを共有することを通して，理解するもの」であるのに対して，「同情」は，むしろ「自分の立場」に立ち，「自分の思いや感情を相手の心にうつし出している」に過ぎず，必ずしも「人間を正しく深く理解するもの」とはいえない。

保育者には，「同情」ではなく，「共感」をもって相手を理解する「共感的理解」が求められる。そのためには，子どもや保護者の日常の状況をよく知ること（理解すること）が必要である。そのことによって，日々の行動や感情のわずかな変化に気づくことができ，また，そのことを通して，子どもや保護者を深く理解することにつながる。そのような「共感的理解」を伴う援助関係においては，おのずと信頼関係も醸成されていくのである。

(2) ソーシャルワーク実践の体系

　保育者は，必要とされる知識や価値，倫理観・人間観をふまえ，子どもや保護者を支援する。その際には，個々人の状況をしっかりと把握し，ニーズの充足，問題解決のために，もっとも適切な支援の形態・方法を選択し，実践することが求められる。具体的な内容について，空閑浩人は，表5-1「ソーシャルワークの体系」のように整理を行っている[12]。以下，概略をみていこう。

1) 個人や家族，集団への直接的なかかわり

　生活上の困難や課題を抱えている個人や家族を対象に，直接的な関係やかかわりを通して展開されるソーシャルワークをソーシャル・ケースワークと呼ぶ。人は，みずからを取り巻く他者や環境との関係の中で生きている。つまり，他者や環境の影響を受けながら，また，みずからも他者や環境へ影響を与える存在として，日々の生活を営んでいるのである。

　ケースワークでは，個人や家族を対象に，人々が主体的にみずからの人生を歩むことができるように支援する。直接，相談に応じ，ともに考え，悩みながら，その人自身の道を見つけていくこともあれば，環境への働きかけ，たとえ

表5-1　ソーシャルワークの体系

個人や家族，集団への直接的なかかわりのなかで行われるソーシャルワーク	個人や家族を対象とするソーシャルワーク（ソーシャル・ケースワーク） グループ（小集団）を対象とするソーシャルワーク（ソーシャル・グループワーク）
人びとを取り巻く環境への働きかけを主として，その整備や改善をめざすソーシャルワーク	地域を対象とするソーシャルワーク（コミュニティワーク） 社会活動法（ソーシャル・アクション） 社会福祉調査法（ソーシャルワーク・リサーチ） 社会福祉計画法（ソーシャル・ウェルフェア・プランニング） 社会福祉運営管理（ソーシャル・ウェルフェア・アドミニストレーション）
ソーシャルワークの実践を支える，あるいはソーシャルワークに関連するさまざまな技術	ケアマネジメント ネットワーク カウンセリング スーパービジョン コンサルテーション

（空閑浩人編著『ソーシャルワーク入門―相談援助の基盤と専門性』p.107, ミネルヴァ書房, 2009）

ば，家族関係を調整することを通して，困難な状況を乗り越えていくことを支えることもある。先の章で示したバイスティックの7原則や人権尊重，倫理観，その人の生活を通して理解するという視点をふまえ，かかわりを形成していくことが必要である。保育者は，子どもや保護者，家族を取り巻く環境に目を向けながら，ケースワークを展開する。

　ソーシャル・グループワークとは，グループ（小集団）へのかかわりや働きかけを通して，個々の人々の生活の支援をめざすものである。たとえば，保育所であれば，保護者同士の関係性の形成を支援することによって，日常的に「子育て」についての悩みや思いを共有し，お互いに支え合う関係づくりを保育者が側面的に支援することになる。

2）人々を取り巻く環境への働きかけ

① コミュニティワーク

　地域を対象とするソーシャルワークとして，コミュニティワークがある。地域の中で起こる生活問題を地域の中で解決していくことをめざし，地域住民や地域の社会福祉施設，関係する諸機関，団体等が連携することによって，地域福祉の増進に努めるものである。たとえば，子育てに悩み孤立している保護者を生活圏である地域で支えていくために，子育て支援グループを紹介することもできるだろう。そのような活動グループが地域に存在しない場合には，活動グループの形成を促す働きかけ，すなわち，社会資源をつくりだす働きかけも必要になってくる。人々の地域での暮らしを安心で，心地よいものにするために，社会資源を活用したり，改良や改善，開発することが求められる。

② 社会活動法（ソーシャル・アクション）

　日々の暮らしの中で明らかになる個々人の課題は，地域の課題として捉え改善していく必要がある場合も少なくない。たとえば，妊娠中の母親の歩行を困難にする道路の段差は，高齢者や障がい者，子どもにとっての困難でもあるだろう。地域で誰もが安心して暮らすための環境整備を求めて活動する方法として，社会活動法（ソーシャル・アクション）がある。個々人の問題として片づけてしまうのではなく，広く，みんなの問題として社会に訴え，地域の中で改善していくための活動である。

③ 社会福祉調査法（ソーシャルワーク・リサーチ）

　人々の豊かな暮らしを支えるためには、そこで暮らす人々がどのような状況にあるのか、抱えている問題は何か、求められているニーズは何か、ということを把握する必要がある。それを知る方法として、社会福祉調査法（ソーシャルワーク・リサーチ）がある。具体的にどのようなサービスがどの程度必要であるのかを把握することを目的として、調査を実施するのである。たとえば、保育所に求められるニーズを把握する場合には、保育所の数や保育時間、保育内容など、課題を把握するために必要な項目を設定し、子育て中の保護者、場合によっては、子育てを終えた保護者を対象としてアンケート調査を実施することもあるだろう。

④ 社会福祉計画法（ソーシャル・ウェルフェア・プランニング）

　社会福祉調査等を通じて、地域の人々の状況を把握し、ニーズが明らかになれば、解決・改善するための具体的な方策を立てることが可能となる。どのような手順で何を行っていくのかを明らかにする方法として、社会福祉計画法（ソーシャル・ウェルフェア・プランニング）がある。計画立案には、当事者や地域住民の参加を促すことが重要である。みずからが生活する地域のことを地域で生活する住民の目で、見極め、意見を反映させ、実現していくことが重要なのである。

⑤ 社会福祉運営管理（ソーシャル・ウェルフェア・アドミニストレーション）

　その他、社会資源である社会福祉施設や関係諸機関において提供される福祉サービスが人々のニーズと合致し、福祉の向上に資するようにソーシャルワークを合理的、効率的に進めるための方法として、社会福祉運営管理（ソーシャル・ウェルフェア・アドミニストレーション）がある。人々によりよいサービスを提供するためには、社会福祉施設環境をハード・ソフトの両面から整える必要がある。

3）ソーシャルワーク実践を支えるさまざまな関連技術

　ケアマネジメントとは、人々の継続的な地域生活を支えるために用いられる援助方法の総体である。何からの困難を抱え、問題解決を余儀なくされている人々に対して、今、何が必要であるのか、そして、これから何が必要になるのかという見通しももちながら、その人のニーズを的確に把握した上で、問題解

決に必要な社会資源を選択・提供（提案）し，活用してもらえるように援助することになる。すなわち，人々のニーズ充足と問題解決のための社会資源とを時宜を得たかたちで結びつける役割を果たすことになる。

ケアマネジメントの手法を用いながら，人々を支えていく場合に活用できる社会資源には，公的な機関や専門職によって提供される「フォーマルなサポートネットワーク」と家族や親族，地域住民やボランティア等によって担われる「インフォーマルなサポートネットワーク」とがある。

保護者や子どもからの相談を受けた場合には，カウンセリングという技術も活用したい。カウンセリングとは，お互いのコミュニケーション（対話）を通じて，主として心理的な側面からの援助を行い，自己表現を促したり，受け止めたりする中で，相談者との信頼関係を構築しながら，問題の整理や焦点化，課題の解決に向けて支援を行うことである。当然のことながら，職場の中においても，仲間同士の支え合いにおいてカウンセリングの機能を用いていくことは有用であろう。

仲間同士の支え合いという意味では，スーパービジョンやコンサルテーションという概念がある。スーパービジョンとは，同じ職場に勤務する上司や同僚から，みずからの支援に対するアドバイスや支援を受けることを意味する。支援する人をスーパーバイザー，支援される人をスーパーバイジーと呼ぶ。スーパービジョンの機能としては，主として，管理的な機能（職場が定めた基準に従い職務・活動を維持すること），教育的機能（職員の専門的発展，成長を促すこと），支持的な機能（職員の支援や活動を励まし，サポートすること）の3つがある。

スーパービジョンが，主として上下関係の中で行われる支援であるのに対して，コンサルテーションは対等な関係の中で行われる相談，助言，支援である。また，コンサルテーションでは，同じ職場内の同じ職種間というよりは，自分の支援をより豊かなものにするために，他の領域の専門職に相談し，助言や支援を受けることを意味しており，多職種の連携にも寄与するものである。相談をもちかける側をコンサルティ，助言や支援を提供する側をコンサルタントと呼ぶ。

2. ソーシャルワーク実践の援助過程

(1) ソーシャルワーク実践の援助過程

　ソーシャルワーク実践の過程は、導入（インテーク）、アセスメント、契約、援助計画立案、援助計画の実施、モニタリング、評価・終結、という概ね7つの段階に分けられる（図5-1）。簡潔にその流れを説明しておこう。

　「導入（インテーク）」とは、受理面接とも呼ばれており、抱えている問題について初めて相談を受ける第一段階である。援助を必要としている人やその家族へのかかわりの出発点となる重要な過程であり、これから問題解決に向けて、どのような関係性を結んでいくのかをお互いに確認する場となる。相談面接の中では、相談者の話を傾聴する姿勢が求められる。しっかりと、先入観を排して、その人の話を聴かなければ、何を求めているのか（ニーズは何か）ということを明確にすることができないどころか、安心感を与え信頼関係を結ぶこともできない。「バイスティックの7原則」を参照しながら、その人の語りに耳を傾け、話を整理しながら、聴いていく。「導入（インテーク）」は、1回で終了することもあれば、数回にわたる場合もある。相談者は、初回の面接で、問題の全容を明らかにすることに躊躇する場合もあるので、相談者のペースに合

```
導入（インテーク）
       ↓
　アセスメント　←─┐
       ↓          │
      契約         │
       ↓          │　必要に応じ
　援助計画立案     │　て、フィード
       ↓          │　バックが繰
　援助計画の実施   │　り返される
       ↓          │
　モニタリング ────┘
       ↓
　評価・終結
```

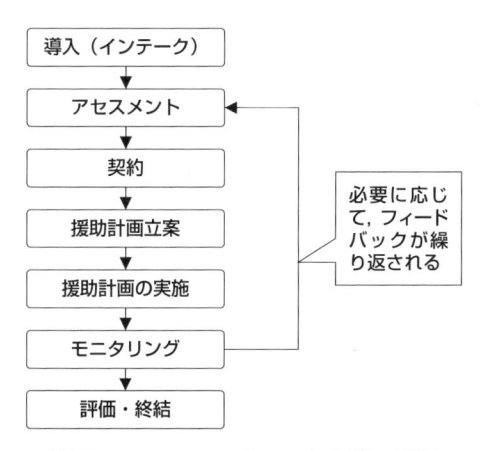

図5-1　ソーシャルワーク実践の過程

わせながら，数回に分けて話を聴かせてもらうこともある。

　問題の状況が概ね語られた段階で，次の「アセスメント」に入る。「アセスメント」では，問題解決に向けての糸口をつかむために，問題状況の詳細を明らかにするべく情報収集に努める。その際には，自分の興味・関心で情報を収集するのではなく，問題解決に必要であると判断される事柄について収集することを心がける必要がある。私的な事柄を尋ねなければならない場合もあるため，プライバシーに配慮しながら，尋ねる際には，なぜ，その情報が必要であるのかについて説明する責任が私たちにはある。なお，情報収集し，それを吟味するアセスメントの段階は，導入（インテーク）後に行われるだけではなく，実際に援助を行いながら必要があれば，繰り返し，何度も行われるものである点に留意してほしい。

　「契約」とは，本来，文書によって行われるものであるが，保育者がかかわる相談援助においては，文書による契約が行われていないのが一般的である。しかし，文書で行われる契約と同様に，責任をもち，誠実に相談者に向き合うことに変わりはない。契約の中では，問題解決に向けての協働作業，すなわち，一緒に問題を解決していくという合意や問題解決のために利用できるサービスの情報（メリットやデメリット，手続き，費用等）を明示することになる。

　一緒に問題を解決していくという合意が得られれば，アセスメントで得られた情報をもとに，具体的な「援助計画立案」の段階に入る。まずは，問題解決の当面の最終目標を確認した上で，緊急性の高いものやもっとも苦痛を感じているものなど，優先順位を定めて，スモールステップを立案していくことになる。問題解決の方法は，おそらく，複数ある場合がほとんどであろう。しかし，その中のすべての方法が相談者に適したものであるとは限らない。相談者の現在の状況をふまえながら，最善の方法を相談者みずからが選択・決定できるように，情報提供を行ったり，励ましたりしながら，支えていく。

　援助計画の立案が終われば，いよいよ「援助計画の実施」である。問題解決に向けて実際に行動に移したり，必要なサービスや関係諸機関である社会資源と相談者をつないでいくことになる。

　計画を実行に移した後は，「モニタリング」を行う。モニタリングとは，計画した援助がうまく機能しているかどうか，効果を上げているかどうかを振り

返り，新たに生じた問題や不都合がないかを確認する作業である。私たちの生活は，日々変化する。問題の状況も置かれている環境も，計画立案した頃とは異なっていることも少なくない。変化の可能性も視野に入れながら，モニタリングを行い，必要があれば，再度，アセスメントを行い，計画の修正，再立案を行うことになる。

　最終段階では，援助の終結に向けて，これまでの援助の「評価」を行い総括することになる。現在の相談者の状況から，援助の終結が望ましいかどうかを判断する。これまでの援助が相談者に，意味のあるものであったかどうか，関係諸機関とのネットワークはいかなるものであったのか，他にも関係を結ぶべき社会資源はなかったかどうか等，多角的な観点から評価を行う。その結果，相談者，援助者双方で当初の目標の達成が確認されれば終了となる。また，援助継続の拒否，転居，死亡等の相談者自身の状況の変化によって終結となる場合もあれば，援助者の転勤，転職，病気療養等の事情により，終結せざるを得ない場合もある。援助者側の事情の場合には，必要に応じて，援助者の変更の了解を相談者から得ることで，援助を継続することが原則である。また，相談者の援助継続の拒否による終結の際には，可能な限り，その理由を聴き取り，必要に応じて，援助の継続が可能となる方策を探ることが求められる。

　一旦は，援助が終結してもそれで終わりではなく，しばらくは見守りを続け，必要があれば，その後の経過を確認するなど，何かあれば，力になることを相談者に伝えていくことが必要であろう。問題の多くは，「孤立」の状況から始まり，また，問題を抱えることが，ますます，人を孤立させるということを忘れてはならない。

　上記のように，ソーシャルワーク実践には段階があるが，そもそもの問題が明らかとなる「問題の発見」は，いかにしてなされるのであろうか。問題の発見は，実に，さまざまなかたちで行われる。たとえば，子育てにストレスを感じ，子どもに対して不適切な養育が行われている場合，保護者みずからが子育てにおける悩みを自覚し，保育者に相談をもちかけ，問題が明らかとなる場合もあれば，不適切な養育の様子を目撃した近隣の住民から保育者へ相談がもち込まれることで，問題が明らかになる場合もあるだろう。当然のことながら，保育者みずからが，保育を行っている中で感じた子どもの異変から，問題が明

らかになることもある。直接的，間接的にも，問題が明らかになること，発見されることで，援助は始まるのであるが，援助を必要としている人が必ずしも，みずからの問題を自覚していない場合もあることに留意しなければならない。その際には，その人と援助関係を結ぶことができるように，少しずつ，こちらが時間をかけてかかわり続け，信頼関係を築き，問題に気づいてもらえるように援助することも必要になる。

(2) ソーシャルワーク実践を支える道具

　ソーシャルワークを展開していく上で，アセスメントは重要な位置にある。そのアセスメントを助けてくれる道具（ツール）として，ここでは，ジェノグラム（genogram）とエコマップ（eco-map）を紹介する。いずれも，関係性を視覚化する道具である。

　ジェノグラムとは，ある家族の家系図であり，数世代にわたって家族の関係を示すことができる（図5-2）。エコマップとは，個人や家族が関係するさまざまな人々や社会資源との結びつき方（関係性の質）を示す図である（図5-3）。

　ジェノグラムは，家族の個々人に関する情報，家族関係に関する情報も図表の中に記載されているため，家族関係を明らかにしたり，抱えている問題を関係性の面から整理すること，また，問題解決に向けて，誰に働きかけていけばよいのか，支援を必要としている人が他にいないか，等を確認することができる。たとえば，複数の子どもを育てている家庭で虐待が起こっている場合，虐待を受けている子どもと虐待を受けていない子どもがいる場合も少なくない。その場合，虐待を受けている子どもへのケアは当然のことながら，虐待を受けていない子どもへの支援も忘れてはならない。虐待は受けていないものの，その子どもは，きょうだいが虐待を受けている様子を目撃することにより，傷を負っていることも想定し，支援を行っていく必要がある。

　エコマップを描くことを通して，課題や問題を抱えた個人や家族の関係性，「人と環境」とのバランスの様子を視覚的に捉えることができる。エコマップの中には，現在，対象となる個人や家族が結んでいる関係のみならず，今後，結ぶことが望ましい関係性についても記入することができる。そのことにより，今後の支援の見通しをつけることもできる。また，時間をおいて，あらためて

ジェノグラムは一家族の家系図であり，数世代にわたり受け継いできた人間関係，生活様式，職業，遺伝質等の歴史を図表で示す評価法である。

《書き方》
1．エコマップと同様に男性を四角，女性を丸で表す。性がわからない場合は三角。四角，丸の中に名前を書く。
2．夫婦は四角と丸をつなぐ線を引く。結婚年月日を線の上に書き入れる。また，四角，丸のシンボルの下に夫婦の誕生地と年を書く。現在地と生まれた土地を知ることにより，家族の移住歴史も知ることができる。
3．子どもたちは年長者順に左から，四角または丸のシンボルで書き，子の名前と年齢を書き入れる。
4．離婚は点線で書き，点線の下に離婚年月日を書き入れる。
5．家族メンバーで生存していない人は四角または丸の上を×印にする。名前，生まれた年と死亡した年，死亡原因がわかっていれば書く。
6．切り離された家族は点線で境界線を引く。

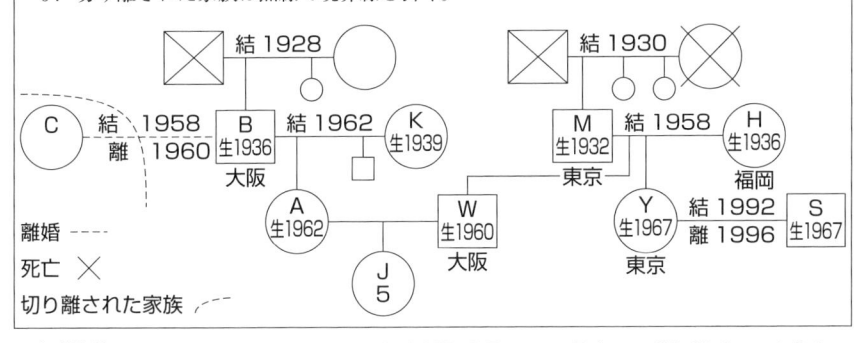

参考資料：B. R. Compton & B. Galaway, *Social Work Processes* (Belmont, CA: Wadsworth Publishing, 4th ed., 1989), pp.168-173.
M. McGoldick & R. Gersen, *Genograms in Family Assessment* (New York: W. W. Norton, 1985).

図5-2　ジェノグラム
(平山尚ほか共著『社会福祉実践の新潮流―エコロジカル・システム・アプローチ』p.238，ミネルヴァ書房，1998)

エコマップを描いてみることで，関係性の変化や支援の効果についても確認することができる。エコマップは，必要に応じて，対象となる個人や家族と一緒に描いたり，描いたものを確認してもらうことで，対象者となる個人や家族が新たに気づきを得るきっかけとなったり，認識を深めるチャンスとなる。

エコマップは，個人または家族と家族が関係するさまざまなシステムとの関係の質を示す図表であり，エコロジカル・システム論による実践において，個人，家族，グループ，コミュニティなどの事例の評価，介入計画に用いられる。エコマップは現在に焦点をあてる。

《書き方》
1．大きめのサークルを紙の真ん中に書き，核家族を表す。
2．家族構成メンバーをサークルの中に入れる。この場合，男性を四角，女性を丸のシンボルで表し，その中に，それぞれの年齢を書き入れる。
3．家族メンバー間の人間関係を線で表す。
　　強い，良好な関係＝直線（───），薄い関係＝点線（‥‥‥），波乱多い関係＝かぎ裂きの線（＋＋＋＋＋），複雑な家族関係を表す線が他に必要な場合，ワーカーがつくってよい。
4．家族のメンバーが生活上関係するシステム（例えば，父，母の職場，息子の学校，娘の大学，アルバイト，親類，近所，医者，友人，福祉事務所等）をサークルで書き，家族とシステム間の関係を線で表す。

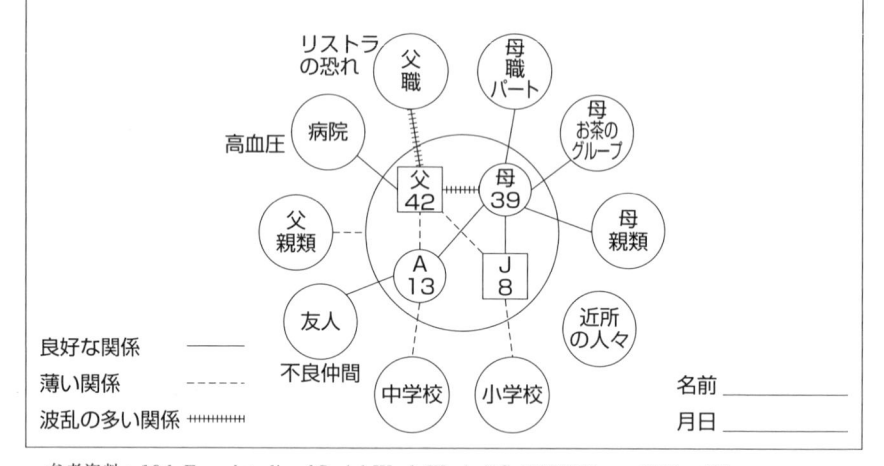

参考資料：*19th Encyclopedia of Social Work* (Wash. DC: NASW Press, 1995), p.264.
　　　　　B. R. Compton & B. Galaway, *Social Work Processes* (Belmont, CA: Wadsworth Publishing, 4th ed.,1989), pp.163-166.

図5-3　エコマップ

（平山尚ほか共著『社会福祉実践の新潮流―エコロジカル・システム・アプローチ』p.237，ミネルヴァ書房，1998）

(3) 事例を通して考えるソーシャルワーク実践

以下では，事例を通して，先に述べたソーシャルワーク実践の過程について具体的にみていこう。

事例5-1　0歳児と2歳児の子どもをもつ若年の母親

子ども・家族の状況

A（2歳，男児）
　0歳児から保育所に入所している。日によって気分が揺れ動き，友だちへの暴力行為も時折みられる。

B（0歳，男児）
　兄のAとともに，0歳児から保育所に入所している。不安定となることも多く，よく泣いている。

母親（22歳）
　社会性が乏しく，自分の思いを表現することが苦手である。
　子育てにおいては，主体的に養育を行っていくという意識に欠け，祖父母や妹（小学生）の助けも得ながら，母子家庭での生活を送っている。

父親（24歳）
　Aの実父ではあるが，Bの実父ではない。母親とは入籍しておらず，日頃は他県で仕事をしており，数か月に一度，母子に会う程度である。入籍していないのは，若年であることを理由に，母親の父から結婚を反対されたためである。
※Bの実父は，母親の職場の同僚であるが，母親にはその同僚との結婚の意志はない。父親は，数か月に一度，母子に会いに来るが，Bが父親の実子ではないことから，保育所としては，不適切な養育がなされないように，見守り，常に配慮を怠らないようにしている。

事例の概要

　実家は両親，妹2人。母親は，Aを出産した際には，実家で家族と同居していたが，金銭的な事情から，生活保護を受給するため，第2子であるBを出産後，実家の近くで3人暮らしとなった。AとBの父親とは，入籍をしておらず，同居もしていない。父親は仕事で他県に行っており，数か月に一度，母子と会う程度である。
　AもBもともに，0歳から保育所へ入所しており，現在，Aが2歳児クラス，Bは0歳児クラスである。母親は，出産前に，仕事を辞めたため，生活リズムが崩れ，昼夜逆転の生活になることもあり，毎日の生活が安定していない。そのため，保育所への時間通りの登所やお迎えがなされず，保育所の担任が電話で連絡

することもたびたびあった。また、欠席が続くこともあり、子どもたちも落ち着かない様子である。

母親は、子育てに対する意識が低く、子どもたちへの養育における不適切さも見受けられ、保育者は、支援の必要性を感じていた。養育における不適切さとは、以下にも述べるが、たとえば、家庭において十分な授乳が行われていないことによる、子どもの発育不全や子どものけがや病気に対する危機意識の低さ等が顕著に見られたことがあげられる。保育所としては、まずは、母親の生活リズムを整えることを目標に支援を開始することにした。

事例5-1の親子の状況をジェノグラムに示すと、図5-4のようになる。

ソーシャルワーク実践の第一段階では、「導入（インテーク）」から始まると先に述べた。この場合は、保護者からの何らかの訴えに基づき支援が始まるという流れではなく、問題の発見は、保育者によって行われている。この事例のように、保育現場では、子どもたちの課題や保護者が抱える悩みを保育者がいち早くキャッチし、働きかけを行うことで支援が始まることも多く、保育者が果たす役割は大きい。

次に保育者は状況の把握、「アセスメント」を行っている。ここでの判断は、「母親は、子育てに対する意識が低く、子どもたちへの養育における不適切さも見受けられる」等、課題はいくつかあるが、「まずは、母親の生活リズムを整えること」に焦点を当て、支援を開始することになった。

書面に基づく「契約」といった手続きには至らないが、保護者への働きかけ

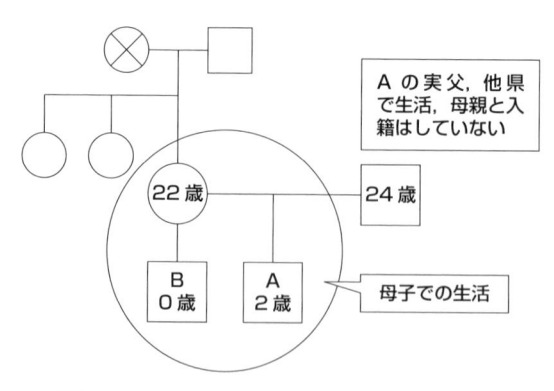

図5-4　A, B母子の状況（ジェノグラム）

の中で，様子を見ながら，支援を受け入れてもらえるように丁寧に働きかけを行うことが必要である。その際には，決して，「こうするべき」といった枠にはめようとしたり，押しつけるのではなく，あくまでも保護者が主体的に問題解決に取り組めるように働きかけ，側面的に支援することが重要である。

　子どもの登所の遅れや欠席の原因が，「母親の生活リズムの乱れ」であることが，母親と話をする中で把握できたことから，「母親の生活リズムを整える」ことから支援を始めるという「援助計画立案」がなされ，いよいよ実際に介入を行っていく「援助計画の実施」の段階に入っていった。

事例5-1の経過と援助過程（母親への支援①）

○まずは，生活リズムを整える

　保育所では，朝夕，母親に電話で登所・お迎えを促すことにした。登所しない場合には，9時に，まずはAの担任が，10時の時点で登所していない場合には，Bの担任が電話をすることを決めた。欠席が続くときには，家まで様子を見に行く等，AとBの担当クラスの保育者が連携を図り，母親の生活リズムづくりを促すことにした。

　登所・お迎えを促せば，母親はそれに応じることができ，次第に，「子どもたちを連れていかなければならない」という意識が芽生えてきた。

　市の生活保護課からは，母親に対して就労指導が行われていたが，なかなかその気にならず，行動に移すことができなかった。「就労しなければ，保育所の措置も切れてしまいます」と言われてやっとその気になり，就職活動を始めるが，なかなか決まらず，やっと就職が決まった頃には，すでに12月になっていた。

　就労にあたり，生活状況が変化することから，母親も保育所としても，家事を回していくことに対する不安があったため，母親と面談を行い，今後の生活の見通しについて話をした。仕事から家に帰ったら，まずは，食事の準備をして，それからお迎えに来るように，どのような段取りで何をするのかを具体的に保育者は母親と確認した。

　保育所の支援を受けながら，就労をきっかけとして，母親の生活リズムは徐々に整うようになり，朝も決まった時間に登所できるようになった。母親の生活リズムが安定してきたことにより，子どもたちにも以前には見られなかった落ち着きが見られるようになった。

保育者の働きかけにより，母親の生活リズムが整ってきた。それに連動するかたちで，子どもたちには，「以前には見られなかった落ち着きが見られるように」なり，Aについては，友だちへの暴力行為がわずかではあるが少なくなり，友だちと一緒に遊ぶ姿も見られるようになった。そして，Bも不安定になり泣く回数が減ってきたように見受けられた。このような変化からは，大人が子どもに与える影響の大きさがうかがわれる。母親を支援することが，子どもの育ちや生活を支援することにつながることを意識することが必要である。

母親の生活リズムが整ってきたところで，保育者は，次の課題として，母親の子育てにおける不適切な養育に取り組むことにした。

> 事例5-1の経過と援助過程（母親への支援②）
> ○「子育て」について学ぶことを支援する：食事
> 　保育所への入所後，Bの体重増加がみられず，心配した保育者は，連絡帳で，母親に尋ねることを繰り返したが，連絡帳を持参しないなど，状況をなかなか把握できなかった。直接，母親に尋ねる中で，状況が明らかとなった。母親は，Bを保育所から連れて帰ってから，朝，登所するまでの間に，自宅で1回しかミルクを飲ませていないことがわかった。そこで，保育者は，保育所の看護師とともに，母親に対する具体的な支援の方法として，ミルクを飲ませる時間や離乳食の内容を記載するための独自のシート（＜シート1＞）を作成し，毎日，母親と一緒に確認することを続けた。初めは，保育者から尋ねなければ，日々の状況について答えることができなかったのであるが，徐々に，母親みずから，保育者に報告するようになった。報告があった際には，「すごいねぇ」「ちゃんとできたね」等，保育者は母親に対して励ましの言葉をかけながら，対応していくうちに，毎日，ミルクを飲ませることが定着していった。それに伴い，Bの体重も順調に増加していった。

保育者は，家庭で母親が授乳や離乳食の管理を行うことができるように，独自の＜シート1＞を作成し，提示した。このようなシートも，ソーシャルワーク実践を支える一つの道具である。すでにある道具を用いるだけではなく，保育者には，現場の状況に即した道具を開発していく，創造していくことも求められる。

<シート1>

			月　　日（　　）
『元気になるために』『脱水症状を起こさないように』『体重を減らさないために』 毎日ミルクを6回は飲ませてあげて下さい。　※　ミルクの量は1回200mL			
1回目	朝 8：00 頃	お母さんが飲ませた時間と量	（　　　　　　）
2回目	12：00 頃	お母さんが飲ませた時間と量	（　　　　　　）
		食事も食べさせて下さい	（　　　　　　）
3回目	午後 4：00 頃	お母さんが飲ませた時間と量	（　　　　　　）
		おやつも食べさせて下さい （たとえば，あかちゃんせんべい・すりおろしりんご・ベビーダノンなど）	（　　　　　　）
4回目	午後 8：00 頃	お母さんが飲ませた時間と量	（　　　　　　）
5回目	午後11：00 頃	お母さんが飲ませた時間と量	（　　　　　　）
6回目	朝方 5：00 頃	お母さんが飲ませた時間と量	（　　　　　　）

事例5-1の経過と援助過程（母親への支援③）

○「子育て」について学ぶことを支援する：子どもの健康状態

　母親は，病気への意識が低いようで，熱があっても登所してくることもあり，登所後，受診してもらうこともあった。受診後，病院での様子や医師からの指示内容について，母親に報告を促すと，病状や指示内容について理解していないこともあり，保育所の看護師が同行し，状態を一緒に聞き，母親に具体的なアドバイスを行うこともあった。時には，入院という事態になったこともあったが，祖父母の力も借りながら，何とか対応してきている。子どもが病気であっても，遊びに連れて行き，無理をさせることもあり，状態が悪化し，体調が改善しない状況に陥ることもあったので，そのたびに，「熱を計ってみた？」「元気なときと，ちょっと様子が違っていないかな？」「今日は，家でゆっくり休ませてあげるといいよね」等，保育者が声をかけ，アドバイスをすることにより，「今，無理をしたら，どうなるのか」ということが少しずつ，母親の中で理解できてきたようで，状況を把握できるようになっていった。

事例5-1の経過と援助過程（母親への支援④）
○「子育て」について学ぶことを支援する：危険・けが
　母親は、けがに対する危機感がなく、子どもが顔から血を流しながら登所することもあった。保育者が母親にそのことを「どうしたのか」と尋ねると、「遊んでいつの間にかけがをしたのだと思う」「自分が小さい時にもそうだったから」と、特に気にする様子もない。そのままにしておくと傷が残ったり、命にかかわる感染症に罹ったり、後遺症が残ることもあると伝え、意識を促していった。子どもの皮膚の状態もあまり良くなかったので、保育者は、ケアの仕方を具体的にその都度、伝えていった。けがをしたまま登所した場合には、保育所で治療したり、病院に連れていくように促したり、状況に合わせて対応していった。
　ある時、自宅でBがテーブルから落下し、1針縫うけがをした。2、3日保育所を休むように医師から指示があったと母親から保育所に連絡が入った。幸い、Bは、レントゲンでの異常は見つからなかった。母親から詳しい状況を聞いたところ、お風呂を洗っているときに、Bをテーブルの上に寝かせており、寝返りをうった拍子に落下したようだ、とのことだった。保育者は、あらためて、母親と一緒に、仕事が終わってお迎えに来るまでに済ませることと子どもを連れて家に帰ってからすること等、夕方の家事の段取りを見直した。その上で、家事をするため子どもの側を離れる時に気をつけることを確認した。
　また別の日には、同じくBが実家の2階の階段から落下するという事故が起こった。実家にいるという安心、すなわち、祖父母、あるいは妹のいずれかが、子どもを見てくれているはずという期待から、母親は外出しており、不在中の出来事だった。翌日、母親は、傷のある状況でBを連れて保育所に登所した。Bは左眉の中央から外側に向けて切り傷があり、出血した血が固まっていた。また、身体には、打ち身、擦り傷も見られた。
　傷を見た保育者が、母親に受診を勧めると、「自分も落ちたことがあるので、問題はない」という返事が返ってきた。保育所で対応できる範囲を超えていたので、受診を促したところ、その日は、自宅で様子を見るようにと医師から告げられる。医師から静養を告げられたことで、母親は、けがの重大性について少しは感じてくれたようではあった。しかし、危険やけがに対する意識はまだ希薄であるため、保育者は、このたびの件について、具体的な対応策として、母親に2階の部屋から階段に至るまでの間に柵を設置してもらうことにした。
　受診後の傷の手当てについては、保育所での手当てを見本として見てもらい、自宅で母親自身が処置した状況を、翌日、保育者が確認することにした。

2. ソーシャルワーク実践の援助過程

母親への働きかけと並行して、保育者は、子どもたちへのアセスメントに基づく支援も行っていた。

事例5-1の経過と援助過程（子どもたちへの支援）

○情緒が不安定なA，Bとの関係づくり

　AもBも日によって気持ちの揺れが大きく、Aは、通りがかりの友だちを叩いたり、急に身体を押したりするため、クラスの子どもたちとの関係がなかなか形成できない。Bは、他の子どもたちへの攻撃はないものの不安定になることも多く、よく泣いている。

　保育者は、AとBにとって大人との関係が心地の良いものである体験を積み重ねることを大切に考え、AとBのそれぞれに一人の保育者を固定の担当として位置づけ、かかわりを続けた。

　Aとのかかわりでは、朝の時間を活用して、保育者との触れ合い遊びを行ったり、膝に乗せて絵本を読んだりする中で、少しずつでも、自分の思いを表出できるように働きかけた。2歳児ということもあり、保育者である大人との関係を中心に据えながらも、小集団保育を企画し、友だちとの関係づくりもできるように支援を行った。そのうち、好意を寄せることができる友だちもでき、落ち着いているときには、楽しそうに友だちと遊んでいる姿も見られるようになった。

　Bについては、一対一で保育者が丁寧にかかわることを続けた。抱っこ、揺さぶり、触れ合い遊び等、大人にかかわってもらうことを通して心地良い、嬉しい、楽しいという経験を積み重ねていけるように働きかけた。次第に、Bは、落ち着きを見せ始め、保育者のかかわりに対して、笑顔で応えることも多くなった。

　先にも述べたように、保護者への支援が間接的に子どもを支援することにつながることと合わせて、保育者は、直接的に子どもにかかわり、成長・発達を支援する。保育現場と家庭が連携し、協同して子育てにかかわるのである。

　すなわち、保育者は、保護者の子育てを支援すること（子育て支援）を通して、親自身の成長を促す（親育ちの支援）、そのことを通して親は、子育てを学び、みずからの子どもの子育てに活かす。そして、保育現場での子どもの健やかな成長・発達を育む（子育ちの支援）という3つの支援を行う重要な役割を担っているのである（図5-5）。

　当然のことながら、保育現場と家庭の連携・協同のみならず、状況に応じて、他の関係者・関係諸機関と連携することで、より豊かな実践を生み出す工夫も

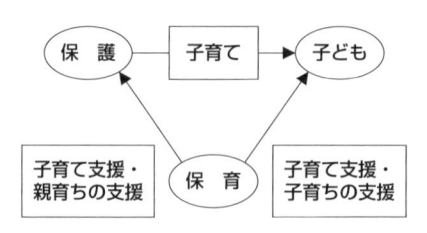

図5-5　子育て・子育ち・親育ちの支援

必要である。たとえば，事例5-1では，次のような関係諸機関との連携が行われた（図5-6）。

> **事例5-1の経過と援助過程（多様な専門職との連携）**
>
> 　保育所では，入所以来，Bの体重増加がみられないことを危惧していた。先にも述べたように，母親に確認し，授乳に関して，具体的な支援を行うと同時に，市役所の児童部内にある要支援家庭の把握を行っている"こども政策室"に報告を行っていた。保育所からの報告に基づき，"こども政策室"が，保育所以外に，市役所内にある保育課，保健センター，生活福祉課，子ども家庭支援センターに対してケース会議の開催を呼びかけ，年4回の会議をもつことができた。
> 　また，定期的に状況を把握する以外に，保育所では，状況確認のためのシート（＜シート2＞）を作成し，支援の方策を検討するためにケース会議においても活用した。
> 　ケース会議のおかげで，それぞれの機関が情報を共有しながら，みずからの職務の中で，よりよい支援を選択し，働きかけを行うことができ，お互いを支え合うとともに，適切なタイミングで親子への支援がなされていった。

　保育所および関係諸機関が，子どもと保護者の様子を地域で見守りながら，お互いに情報を共有し，連携して生活支援を行っていった。ケース会議に際しては，先の＜シート1＞と同様に，保育所が母子の状況を勘案して，独自の＜シート2＞を作成し，情報共有の一助としている。
　＜シート2＞を参考にしながら，A，B母子の最近の様子を共有した上で，現時点での課題は何か，これから発生することが予測される課題はないか等について協議を行い，アセスメントを行う。共有された情報をもとに，課題に対していずれの関係諸機関がどのようなタイミングで支援を行うか等を念入りに

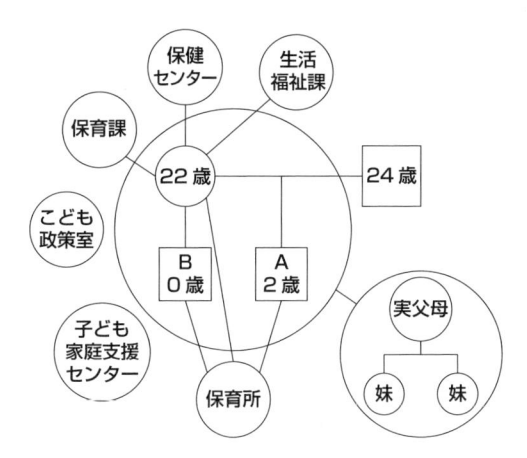

図5-6　A，B母子のエコマップ

検討し，援助計画を立て，原則としては，次の会議まで，それぞれの機関がみずからの役割を遂行する。

　図5-6のエコマップからもうかがわれるように，母親は，家族および関係諸機関以外の結びつきを現段階では，もっていないことがわかる。近所との関係性や同じ保育所に子どもを通わせている保護者とのつながりを形成することを支援するような働きかけも，今後，求められてくるであろう。どのような人や関係機関とつなぐことが，当事者の生活を安定させ，安心なものにできるのか，また，どのような関係性で課題を抱えているのか等の把握を行いつつ，今後の状況を予測するためにも，エコマップを活用することは有効である。人々の生活が変化していくように，エコマップも時間とともに変化するものであることをふまえ，支援開始の際のアセスメントのみならず，支援途中の介入効果や評価等を行う際に支援開始当初に作成したエコマップと現時点で作成したエコマップとを比較しながら，用いることで，援助の効果を評価することもできる。

<シート2>

AとBの様子

登所時間 降所時間	登所状況	保育所での様子(A)	保育所での様子(B)	家庭の様子・ 他機関との連携
○時○分 ／ ○時○分	・1週間ごとに毎日記入 ・登降所の時間 ・欠席の理由	・その日の落ち着きはどうか，表情 ・設定の様子 ・友だちとのかかわり ・言葉内容 ・給食やおやつの様子等	・体調の把握 ・機嫌はどうか ・離乳食の食べ具合 ・発達（運動面・認識面・情緒面等）	・母親とのかかわりの中で感じたこと ・子どもへの声かけで感じたこと ・連携が必要な場合は細かく記載すること
○時○分 ／ ○時○分				
○時○分 ／ ○時○分				

次に事例5−2をもとに，ソーシャルワーク実践の過程を確認し，支援段階における課題について考えてみよう。

事例5-2 家庭環境が不安定な子ども・家族への支援

子ども・家族の状況

C（5歳，男児）

0歳～2歳まで，両親の養育能力の欠如を理由として児童養護施設で生活し，3歳より家庭復帰となる。保育所では，集中力に欠けていたり，友だちとのかかわりがうまくいかないことで，感情のコントロールがきかず，友だちや物にあたることもある。

兄（小学校2年生）

特別支援学校に通っている。

母親（37歳）

パート勤務。理解力が低く，生活のすべては父親に任せている。

父親（35歳）

精神疾患，てんかん，糖尿病を患っており，現在，無職。

子どもへのかかわり方がわからず，乱暴なかかわりになるため，子どもは怯え

ている。
母親（妻）に対して，暴力を振るうこともある（ドメスティック・バイオレンス）。
母方祖父
兄の養育を主として担い支えている。

事例の概要

　保育所でのCは，集中力が継続せず，興味が他のものへ移りやすい。他者への気遣いや自分自身の感情コントロール，感情表現が上手にできないため，他の子どもとトラブルになることもしばしばあった。保育者は，Cの行動をできるだけ抑制することなく，受け止め，他の子どもともうまくかかわることができるように支援を行っていった。
　父親と母親に対しては，不適切な養育がみられた場合には，何らかのかたちで必ず対応し，「保育所がいつも見ているよ」というメッセージを常に発信しながら，信頼関係の形成に努めた。

演　習　1

　事例5-2の「子ども・家族の状況」および「事例の概要」をもとに，ジェノグラムを作成してみましょう。

事例5-2の経過と援助過程(子どもへの支援①)

○初めてのことへの丁寧なかかわり：不安を取り除く
　Cは，0歳〜2歳を児童養護施設で過ごし，3歳より家庭に復帰し，保育所に入所してきた。入所当初は，家庭復帰と保育所への入所ということで，生活のすべてが変わったため落ち着かない様子で，保育所にいる間中，動き回り，所内を探索していた。徐々に，保育所にも慣れ，自分の居場所もできてきたが，興味のあることにはかかわるが，興味のないことにはまったく意欲をみせない状況であった。経験不足であること，3月生まれで，成長・発達が他の同年齢の子どもに比べれば遅いということもあり，友だちとのトラブルでは，すぐに手や足が出てしまい，保育者は配慮を求められた。
　5歳になり，保育所での生活も2年が経過した。憧れの年長組になり，Cは，とても嬉しそうにしていた。前年度の5歳児クラスが行っていたことをやりたくて，張り切っている姿も見られた。

しかし，クラスでの話し合いのときなどは，じっくりと話を聞くことが難しく，他のクラスからピアノの音が聞こえてくれば，そのことが気になり，身体が動いてしまう。保育者が，「今は，○○をするときだよ」等と具体的に話しながら，そばについて集中することを促してきた。それでも，集中力が続かず，他のクラスに行ってしまったときには，そのクラスで受け入れ，見守り，遊びにも入れていきながら，クラスに戻るように声をかけるようにしていった。次第に落ち着いてきて，クラスで過ごす時間が増えていった。
　取り組みに対しては，イメージがもちにくく，特に初めての取り組みに対しては，不安があるようで，泣いてしまうこともあった。その際には，保育者が具体的に，イメージをもつことができるように話し，次への期待につながるようにした。たとえば，次のようなエピソードがある。4歳児クラスのときに，市民プール行きが企画されていたのだが，プールへ行くことを楽しみにしつつも，行ったことがないため，どういう所かわからず，不安になり，持って来ていた水筒を投げ出してしまった。保育者が「大きなプールで，滑り台もあって…」と話すと落ち着いたが，実際にプールを見るまでは，笑顔が見られなかった。2回目に行くときには，とても嬉しそうに準備をしていた。5歳児クラスになってからの市民プール行きは，「水筒がいるなぁ」と自分から保育者に言いに来て，とても楽しみにしている様子が伝わってきた。

演習2

　上記の「子どもへの支援①」を読み，今後，支援を行っていくにあたり，他にどのような情報が必要であるか考えてみましょう。
　たとえば，保育者のかかわりにより，Cの状況にどのような変化があったのか。「次第に落ち着いてきた」というのは，子どものどのような状況から判断されるのか，話を聞くときの集中力に変化はみられたのか等。

事例5-2の経過と援助過程(子どもへの支援②)

○子ども同士の関係づくり

　Cは，友だちがやっていることが気になり，かかわろうとするようになった。遊びが成立したり，楽しんでいるときには，保育者は見守り，トラブルになったときには，相手にけがをさせてしまうことが多いため，間に入ってトラブルになった理由を聞き，どうすればよかったのかを一緒に考えるようにしてきた。友だち

と仲良くしたいという思いはあるのだが，相手の気持ちとは関係なくかかわろうとするため，友だちとぶつかってしまう。そして，自分の思いが通らなければ，泣いてばかりいた。保育者がトラブルの際に，間に入り，関係を調整していくことで少しずつ自分の思いを言葉で表現できるようになっていった。

　Cは，小さな子どもが好きで，自分からかかわりによく行くが，思い通りにならないと叩いて泣かせてしまう。保育者は，Cに相手の子の顔をしっかりと見せて，してあげたことをその子が喜んでいるかどうかを読みとらせるようにかかわっていった。

　朝（7時〜9時）と夕方（17時〜19時）は，保護者の送迎が多い時間帯である。その時間帯に，Cが小さな子どもとかかわりたくて，無理やり靴を脱がせようとしたり，無理に抱っこしようとして，泣かせてしまうこともあった。また，保護者がお迎えに来たことをその子どもに知らせたいという思いから，押したり，遊んでいるのを止めさせようと叩いたりすることで泣かせてしまうこともあった。その際には，小さな子どもがなぜ泣いてしまったのかをその子どもの保護者からCに対して直接話してくれるように，保育所としてお願いをしていた。すべての保護者が協力してくれるわけではないが，Cのことを理解して声をかけてくれる保護者もいた。

　5歳児クラスでは，毎年，「トントン当番」と称し，2歳児クラスへの午睡のお手伝いや3歳児クラスへの午睡後のお手伝いの取り組みを行っている。取り組みを通して，年長児が他の子どもへのかかわりについて学んでいくことを意図している。Cは，積極的にこの取り組みに参加し，「何人寝かした！」「○○ちゃんが可愛いからトントンしてあげた」と嬉しそうに保育者に報告に来ることもしばしばあった。また，お手伝いに行ったクラスの保育者から「上手に寝かせたねぇ」「来てくれるのを待っていたよ」とあてにされ，褒められることで満足感をもち，他の時間帯でも，小さな子とうまくかかわることができるようになっていった。

演習3

　上記の経過の中での，「かかわり（支援）」⇒「変化（効果）」という流れを確認しましょう。

　その上で，他に必要な情報はないか，また，「子ども同士の関係づくり」という支援課題に対して，他に考えられる取り組みや支援はないか考えてみましょう。

事例5-2の経過と援助過程(子どもへの支援③)

○感情のコントロール・感情表現を促す

　気持ちが不安定なときには，Cは朝から表情がないことも多かった。そのようなときは，ちょっとしたことで，気持ちがコントロールできなくなり，遊具の木馬でガラスを割ったり，バケツ等を投げたり，友だちを叩いたりと，物や友だちに気持ちをぶつけてしまう。物や友だちに気持ちをぶつけた後，しばらくは大きな声で泣き続ける。気持ちが落ち着くまで時間がかかるが，泣きやむまで，保育者は待ち，時間をかけて話をするようにしていった。Cを保育者の膝の上に乗せながら，「大変なことになってしまったねぇ。どうしよう…」と目の前の事象を見せながら話かけると，自分がしてしまったことに対して，考えている様子であるが，なぜそのようなことをしてしまったのか，本人自身にもわからないときもある。壊してしまった物や投げ飛ばしてしまった玩具を一緒に片づけている途中で，悲しくなったのか，Cは泣きだしてしまうこともあった。

　感情をコントロールすることが，なかなか難しかったのであるが，運動会を境に変化が見られるようになった。運動会では，リズム，鉄馬，縄跳び，リレー等，クラスの子どもたちみんなで一緒に頑張ることができ，達成感も感じられたようであった。運動会を終えた頃から，感情のコントロールができるようになってきた。たとえば，「さっきは，叩かないでちゃんと言えたよ」等，Cの方から保育者に報告に来るようになった。その際には，保育者はCをしっかりと抱きしめながら，「素敵だよ」「それでいいんだよ」と伝えていくようにした。

演習4

　保育者は，子どもの様子をどのような点から把握しているのか，把握して，それに対して，どのようなかかわりを行っているのかを考えながら読みましょう。

　Cは，運動会を境にみずからの感情コントロールができるようになりましたが，運動会は，Cにとってどのような意味があったと思いますか。

事例5-2の経過と援助過程（保護者への支援①）
○「子育て」を学ぶことを支援する：不適切なかかわり

　父親は、Cのことを可愛がっているつもりだが、夜中に突然起こしたり、激しくゆすったりすることもあるため、Cは父親のことを怖がっている。朝早く起こして釣りに連れて行ったりするが、Cが望んでいるかどうかを考慮していない。「自分が楽しいことは、子どもも楽しいはず」という思考から抜け出せないようであった。この点について、保育者は父親に「Cは、辛い思いをしていることもある。お父さんは楽しませているつもりかもしれないが、子どもはそう感じていないこともある」ということをその都度伝えるようにした。母親は父親からの暴力もあるため、Cに対する不適切なかかわりに対して、指摘することができない。
　保育者は、Cの身体を毎日確認し、虐待が疑われる際には、家庭訪問か電話で対応するようにし、「保育所がいつも見ているよ」ということを常にアピールしてきた。次第に、父親とも関係性ができ、「腹が立って叩きそうになったときは、電話で話を聞いてもらうようにする」「約束したから叩かない」等と、父親みずからが言ってくるようになり、Cの身体にほとんど傷が見られなくなった。
　清潔・衛生が整えられておらず、Cの身体が臭ったり、汚れていることもあり、保育所のシャワー室で身体を洗うこともある。洋服に穴があいていたり、リュックサックが壊れていたりすることもあった。Cの家の家計は、母親のパート収入と祖父の年金収入が主たるものであるが、通帳は父親が握っているため、母親が自由にできるお金はない。父親は、パチンコや飲み食いで散財する等、金銭管理がうまくできていないため、保育者は、子どもの洋服や学用品等、何を買う必要があるのかを父親と一緒に考え、確認していった。

演習5

　保護者との関係づくりにおいて、保育者が留意するべき点について考えてみましょう。

事例5-2の経過と援助過程（保護者への支援②）

○母親への暴力に対する支援：「いつも見守っているよ」というメッセージ

　父親からの暴力により，母親のめがねが割れたり，顔にけがをしていることもあった。父親に理由を尋ねると，「階段から落ちた」と説明する。しかし，母親のけがの状況からは考えにくく，また，母親自身，そしてＣの報告内容とも異なる。母親は，暴力に対する恐怖からパニック状態になりながらも，父親から離れることができない。母親への暴力やけがの言い訳ができないように，保育者は，階段に滑り止めをつけるように提案し，実際に，つけることに立ち合った。母親には，危険を感じた場合には，早目に祖父の所（1階）に行くように話した。

　「保育所がいつも見守っているよ」というメッセージが父母双方に伝わるように，継続的にかかわる中で，母親への暴力は徐々に軽減されていった。

演習6

ドメスティック・バイオレンスが家庭内で起こっていることを考えた場合，保育所が連携するとすれば，どのような関係機関が考えられるのか，調べてみましょう。

事例5-2の経過と援助過程（保護者への支援③）

○父親自身への支援：受け止めていく

　父親自身の育ちが，母親への暴力行為や子どもへの虐待行為と関係していると考え，保育者は，プライバシーが守られるかたちで場を設け，父親の幼少期の様子を丁寧に聞くようにしていった。初めは，「やんちゃしていた」としか話さなかった父親だったが，幼少期にいじめにあって辛かったこと等を何度か面談を重ねるうちに話してくれるようになった。信頼関係を築くまでには，時間がかかったが，保育者が父親の思いを受け止めることを通して，「何を話してもいいんだ」と思ってもらえるようになっていった。

　実際に父親が子どもを叩いてしまったときにも，保育者が尋ねると，初めはごまかしていたが，次第に，「すみません。俺が殴りました」と正座をして頭を下げるようになった。けがをした理由に不信な点がある場合にも，保育者が尋ねると，「いつけがしたのかはわからない。でも，俺はやっていない。だって，もう

殴らない、って約束したから」と言ってくることもある。
　地道なかかわりであるが、継続していくことにより、少しずつ、父親の子どもに対するかかわりが改善された部分もある。もちろん、父親自身の抱える精神疾患に起因する不安定な状況の中での不適切なかかわりもあるだろう。他機関との連携も行いながら、支援を行う必要性がある。

演習7

　父親が、精神疾患を患っていることを考えた場合、保育所が連携するとすれば、どのような関係機関が考えられるのか、調べてみましょう。

事例の経過と援助過程（保護者への支援④）

○他児の保護者との関係調整

　母親、父親ともに、他児の保護者とのつながりは、希薄である。母親は、懇談会や保護者会行事に参加することもあるが、親しく話をする間柄の保護者はいない。そのため、Cが他児へけがをさせてしまった時には、保育者が間に入って、対応することも少なくない。

　父親は、保育所への来所がほとんどないため、他の保護者とのつながりは、まったくできていない。Cが保育所でけがをして帰ってくると、その怒りを保育所にぶつけてくることはあっても、けがの原因である他児の保護者に言うことはまったくない。人とかかわるのが苦手で、保育者とも関係ができてきた数名と話をする程度である。

　保育所としては、少しでも保護者同士のつながりができるように気を配りながら、間に入って調整をするようにしている。関係調整の働きかけにより、保護者の中には、この父母を気にかけてくれる人も出てきた。近所で見かけた父母の様子で気になったことがあれば、保育所に報告してくれる等、他児の保護者との連携の中で、親子を支えることもできるようになった。

> **演習 8**
>
> 　現時点でのこの家族のエコマップを作成し，今後，強化すべき関係や新たにむすぶことが望ましい関係性等について考えてみましょう。
> 　たとえば，Cの兄は，特別支援学校に通っています。兄の通う学校との連携から得られる情報もあるかもしれません。また，父母やその他の保護者とかかわる中で，兄に関する情報を得，それを学校に伝えることが有益である場合もあるでしょう。そのことが，翻って，父母を支援することにつながる場合もあるのです。すなわち，兄の障がいのことで悩んだり，困ったりしていることを学校に相談できず，ストレスをためこんでいる場合もあるかもしれません。保育者が，「お兄ちゃんのことで心配なことはない？　大丈夫？」と声をかけることができれば，相談するきっかけになることもあるでしょう。

3．子ども・保護者へのエンパワメント・アプローチ

　第1節の冒頭において，私たちが，誰かを支援する究極的な目的は，その人の心身の負担や不安が少しでも軽くなり，前向きに，これから先の第一歩を踏み出せるように支援することであろう，と述べた。このような考え方は，昨今，ソーシャルワークの領域で注目を集めているエンパワメント（empowerment）やストレングス（strength）といった概念の中にみられる。

　エンパワメントという概念をソーシャルワークに最初に導入したのは，ソロモン（Solomon, B. B.）であるといわれている。彼女は，1976年に『黒人のエンパワメント─抑圧された地域社会におけるソーシャルワーク』の中で，黒人に対する社会的抑圧の状況，すなわち，黒人は社会の中でパワーレスの状況に置かれていること，そして，その背景にはスティグマによる否定的な評価と社会的抑圧があることを指摘した[13]。パワーレスの状況からの脱却のためには，ソーシャルワークの過程の中で，その人がもっているパワーを発揮できるように環境を整えること，そして，問題解決に対して主体的に取り組むことができるように支援することが必要である。

　エンパワメントの説明として，「力をつけること」，「力を付与すること」と

表現されることがあるが、そもそもの意味は、誰かから力を与えられたり、身についていない力を身につけていくということではない[14]。これに関連して、森田ゆりは、次のように指摘する。「『ちからをつける』といった意味で理解されている限り、それは個人の努力と頑張りを要求するだけのことばで終わってしまう。ちからをつけることのできた人がそれのできない人に『あなたもわたしのようにちからをつけなさいよ』とエリート意識を誇示するだけのことばでしかない。―（中略）―『わたしたちのちからは社会のありかたによって規程されている』ということばの核心が理解されない限り、そしてその核心ゆえに新しいことばとして存在する意味があることが伝えられない限り」[15]、エンパワメントの概念を導入する意味はないと述べている。

さらに、森田は、エンパワメントは、「人は生まれながらにさまざまな素晴らしい力（パワー）を持っているという信念から出発する考え方」であると指摘する[16]。私たちが、「生まれながらに持っている力」は、人それぞれ異なっており、多様である。人それぞれ、何が得意で、何が苦手かは違っている。もちろん、何が好きで、何が嫌いか、どのような信念をもっているか、どのような美的感覚をもっているか、感性もみなそれぞれである。それでよいのである。私たちは、自分が生まれながらにもっている力、そして、当然のことながら、生きていく中で身についた自分らしさや感性、考え方など、その人らしさが力の源になるのである。大切なことは、今、もっている力、もってはいるが環境要因に阻まれてその力が発揮できない状態にある潜在能力を引き出し、活用するということである。無から有を生み出すのは、困難なことかもしれないが、現に顕在的・潜在的にもっている力に焦点を当て、その力を活用することは、当事者にとって負担が少ない上に、自己に対する自信や信頼を形成する絶好の契機ともなる。

「その人らしい力」は、「ストレングス視点」に通じる。1990年代に「ストレングス」が注目を集めるようになったのだが、このような捉え方は、人である個人のみならず、環境に対する見方においても導入されている。「ストレングス視点」は、「病理／欠陥モデル」に対する批判の中で登場した。これまでのソーシャルワークでは、人が何らかの問題を抱えた際に、まずは、欠陥や弱さに注目が集まり、その人が本来もっている長所や強さ、潜在的な能力等が見

過ごされてしまうことも少なからずあった。従来は,「医学モデル」と呼ばれる病理的な視点に立ち,まずは,どのような問題があるのかを診断し,その原因を探り,そのための治療を施すという,「診断―原因―治療」という直線的な因果関係を強調する傾向にあった。このような視点では,それ以外の情報や置かれている環境条件等を視野に入れる可能性を損なってしまうという危険性があった。

サリービー(Saleeby, D.)は,「ストレングス」の特徴として,以下の点をあげている[17]。

① ストレングスは病理に反するものとして位置づけられる。
② ストレングスとは普段の生活で用いられる言葉であり,日常性や統合性および対等性などに関連している。
③ ストレングスには個人と環境の双方がある。前者には,熱望・自信,長所・才能,プライド,生活経験から学んだ知恵やその伝統も含まれる。また,後者には,物理的・制度的な資源,対人関係などの社会関係,喜びや夢を得る機会などがある。

保育者として,子ども・家族への支援を行う際には,「エンパワメント」「ストレングス」の理念に対する理解を深め,個々人がもつ,「その人らしさ」を大切にしながら,環境への着目も忘れてはならない。

たとえば,保育者の立場からみれば,些細なことで相談をもちかけてくる保護者に対して「もっと,親なのだから,自分で考えて対応して欲しい」と否定的に捉えてしまうかもしれない。しかし,このやりとりの中に,何かを見出そうとするならば,些細なことであっても誰かに相談できること,気軽に尋ねることができるというのは,その人の「ストレングス」であると捉えることもできる。そして,保育現場が,些細な事柄であっても相談できる環境であるという「ストレングス」を備えていると捉えることもできるだろう。このように,個人や状況をどのような視点で捉えるのかによって,その後の支援は,まったく異なるものになる。前者のようにその人の「弱さ」として捉えると,「それぐらいのことは,自分で考えて下さい」と保護者を突き放してしまうことになるかもしれない。そのことが,保護者の問題解決能力を育む機会を奪うこともあるだろう。些細なことでも相談する保護者の中には,自分自身やみずからの

子育てに自信がもてず，不安から，相談し，確認している場合もある。そのような場合，保育者は，何度も相談に来る保護者に対して，「この前も説明したのに」と思うことも少なくないであろう。しかし，何度も同じことを相談することで，「前回，相談した時と同じ助言を得られたのだから，これで大丈夫なのだ」と確認し，確信をもち，安心を得ることによって，今後，同じような事態に遭遇した場合には，保護者自身が判断可能となるということもある。そして，保護者にとっては，このプロセスが必要な支援であったことが，わかるだろう。

　個人や状況を捉える視点の転換を図ること，その人の"弱さ"ではなく，"強さ"に焦点を当てる「ストレングス」「エンパワメント」の視点で捉えることで，支援が円滑になる場合も少なくない。日頃から，意識して，取り組みたいものである。

＊事例5-1，事例5-2は公立保育所保育士の提供事例に基づく。

■引用文献
1) 窪田暁子「序章　社会福祉方法・技術論を学ぶ人のために—この本から学んでほしいこと—」，植田章・岡村正幸・結城俊哉編著『社会福祉方法原論』pp.1-2, 法律文化社, 1997
2) 窪田暁子，前掲書1), p.2
3) 窪田暁子，前掲書1), p.2
4) 横藤田誠「第1講　人権を護る砦—憲法—」，横藤田誠・中坂美恵子著『人権入門　憲法／人権／マイノリティ』p.8, 法律文化社, 2008
5) エレン・ケイ（小野寺信・小野寺百合子訳）『児童の世紀』，冨山房, 1977 参照
6) 日本ユニセフ協会「子どもの権利条約」，http://www.unicef.or.jp/crc/about/index.html　参照
7) 窪田暁子，前掲書1), p.16
8) 岡本晴美「第2節　社会福祉士に求められる現状と養成教育の課題」，植田章・結城俊哉編著『社会福祉方法原論の展開—現場実践を生きる』pp.318-319, 高菅出版, 2007

9) 渡辺律子『高齢者援助における相談面接の理論と実際』p.12，医歯薬出版，1999
10) 白石大介『対人援助技術の実際　面接技法を中心に』pp.74-75，創元社，1988参照
11) 白石大介，前掲書10)，pp.75-77参照
12) 空閑浩人編著『ソーシャルワーク入門―相談援助の基盤と専門職』p.107，ミネルヴァ書房，2009
13) Solomon, B. B.『Black Empowerment: Social Work in Oppressed Communities』, ColumBia University Press, 1976
14) 森田ゆり『子どもと暴力―子どもたちと語るために』pp.64-66，岩波書店，1999
15) 森田ゆり，前掲書14)，p.65
16) 森田ゆり，前掲書14)，p.66
17) 栄セツコ・岡田進一「精神科ソーシャルワーカーのエンパワメント・アプローチに基づく精神保健福祉実践活動：実践活動の現状とその活動を促進させる関連要因」『生活科学研究誌』，Vol.3，pp.207-216，大阪市立大学，2004

第6章
相談援助の具体的展開

1. 計画・記録・評価

 ソーシャルワークにおける援助は，導入（インテーク）→アセスメント→契約→援助計画の立案→援助計画の実施→モニタリング→評価・終結というプロセスで実施されることは前章で学んだ。保育における相談援助でも，このプロセスをたどりながら援助が進められる。
 本節では，保育における計画・記録・評価について確認した後，保育における相談援助の具体的展開について，特に計画・記録・評価の3つに焦点を当て，具体的に理解できるよう，1つの事例における援助の展開を追いながら，解説を行う。

(1) 保育実践過程における計画・記録・評価
 本項では，保護者への相談援助活動における計画・記録・評価について具体的に考える前に，保育における計画・記録・評価について確認しておく。
1) 保育における計画・記録・評価
 保育は，一人一人の子どもの実態を理解することから始まり，子どもの育ちの見通しをもって計画を作成し，実践を行い，記録やカンファレンスを通して保育実践を省察，評価，見直し，改善していくというプロセスの積み重ねによって営まれている[1]。
a) 保育の計画
 計画とは，「物事を行うに当たって，方法・手順などを考え企てること。また，その企ての内容」[2]とある。目的をもって物事に取り組むために，その道筋と

なる計画を立てることは，目的を成し遂げるために不可欠である。「保育所保育指針」においても，計画とは，「子どもが現在を最も良く生き，望ましい未来を作り出す力の基礎を培う」という保育の目標を達成するために，乳幼児期の発達特性と一人一人の子どもの実態をおさえ，見通しをもった保育のために必要であるとされている[3]。

b）保育の記録

記録とは，「のちのちに伝える必要から，事実を書きしるすこと。また，その文書」[4]である。保育実践において，記録は，実践を評価し，次の実践へつなげていくために不可欠である。記録は，単に実践したことを書き残すだけでなく，書くことによって実践を客観的に振り返り，課題を見出し，次の実践をよりよくする材料となる。また，書き記した保育者だけでなく保育所全体の職員が情報を共有することで，保育者同士での議論が可能になる。職員の連携を図るためにも記録の意義は大きい。保育所保育指針においても，保育における記録は，指導計画に基づく保育の見直しのために必要であることが述べられている〔第4章　1保育の計画（2）指導計画　イ指導計画の展開（エ）〕。

保育現場には多くの記録が存在する。保育は「書く」ことの多い仕事でもある。フォーマルな記録としては，たとえば事務日誌や保育日誌，子どもの個別経過記録，会議録，研修報告，行事計画と記録，健康診断記録，けがや病気の記録などがあげられるだろう。また，保護者との間でやりとりされる連絡帳も，子どもの保育所と家庭での姿，保護者の相談などを書き記すという意味において，記録の一つとして考えられる。インフォーマルな記録としては，各保育者が，保育所で定められた様式以外に，実践の振り返りや気づいたことを書き記すための記録がある。

c）保育の評価

評価とは，「善悪・美醜・優劣などの価値を判じ定めること。特に，高く価値を定めること」[5]である。保育所保育指針においても，保育士等と保育所が，保育実践の内容等を振り返り自己評価を行うことにより，保育実践の質の向上を図るよう努めることが求められている〔第4章　2保育の内容等の自己評価（1）保育士等の自己評価ア，（2）保育所の自己評価ア〕。記録等をもとに実践を省察し，子どもの育ちへの支援が適切であったのか，保育者自身と保育所全体で評価す

ることにより，次の計画へとつなげることができる。
　以上のように，保育においては，子どもの姿を捉え，計画→実践→記録・省察→評価→次の計画へ，という過程が，循環している。

(2) 保育の場での保護者への相談援助計画
1）保育における保護者支援
　倉橋惣三は著書『幼稚園雑草』において，保育者と保護者の連携なくして保育は行えないと述べている。「子供を幼稚園に送ることは，子供を中にして家庭と幼稚園両方が相抱くようにして教育していくことにほかならない」[6]，「協力者であるからには，ただ分担しているというだけではない。すなわち両方から互いに注文がでなければならない。相談しあわなければならない。そうしてその相談の結果が充分実行せられなければならない」[7]。
　保育士の業務は，子ども一人一人の育ちの支援と同時に，その保護者の支援も行うものである。児童福祉法第18条の4において，保育士は，児童の保育とその保護者の保育指導を行うことが明記されている。また，保育所保育指針においても，保育士は，その専門性を発揮して，保育所に入所している子どもの保護者への支援と地域の子育て家庭への支援を行う必要があるとされている〔第6章　保護者に対する支援〕。子どもの保育と同時に保護者の就労支援という役割を担う保育所において，保育者と保護者との連携は，子どもの健やかな育ちのために不可欠である。子どもの保育において一人一人の育ちを支援するのと同様に，子どもの保護者に対しても，連携をとりながら個別の支援を行っていくことが求められている。

2）保育所の特性と保護者支援
　保育所の特徴は，子どもとその保護者が毎日のように利用する場であるということである。朝保護者と一緒に登所し，保護者は職場等へ向かう。子どもは保育所で保育者・友だちとともに過ごし，夕方仕事等を終えた保護者が迎えに来て家に帰る。このようにイメージすると，子どもとその保護者にとって，保育者は，日常もっともよく出会う存在であることが理解できるだろう。保育者はこの日々の保育の営みの中で，子どもの健やかな育ちの支援とともに，保護者の子育てに関する必要な支援を行うのである。この点が他の相談機関と異な

る保育所での保護者支援の特徴である。
　「保育所保育指針解説書」には，日常の保育と一体に行われる保護者支援の内容，方法の例が示されている。①日々のコミュニケーション，②保護者が参加する行事，③保護者の自主的活動の支援，④相談・助言，である[8]。日常的な支援において，①の日々のコミュニケーションが，あらゆる支援の基盤となる。朝や夕方に保護者と出会うときのほんの短い会話や，連絡帳での情報交換など，毎日の交流の中で，それぞれの保護者と信頼関係を築きながら，「この保護者には今どのような支援が必要か」を見極める力が保育者に求められているのである。
　日常性を特徴とする保育所における保護者支援では，子どもの保育の実践過程同様に，計画，実践，記録，評価というプロセスをたどりながら支援が行われる。次項では，保護者支援の事例を紹介しながら，計画・記録・評価のプロセスを具体的にみていく。

(3) 保護者への相談援助における計画

　ここでは，保育所での具体的事例の流れを追いながら，保護者への相談援助のプロセスにおける，計画について考える。

事例6-1　友だちとの関係を心配する保護者への援助
●背　景
　4歳児のA君は，じっと話を聞くことや，順番を待つことなどが苦手で，自分の注意があちこちに向いてしまうことの多い子どもであった。友だちとの遊びの中で自分の思いが通らないとかんしゃくを起こしたり泣いたりすることが多く，遊びの状況や友だちの気持ちを考えることは，A君にはまだ難しい。彼の友だちもA君と遊ぶと遊びが中断することが多いため，A君の提案を受け入れようとしなかったり，遊びに誘わないということがあった。
●A君の保護者から面談が希望される
　A君は，自分の思うように遊べないことについて家庭で「みんなAと遊んでくれない」と訴えており，母親が連絡ノートや口頭でその心配を保育者に伝えてきた。保育者は，子どもたちの関係を見守りながら必要な場合は保育者が介入していることを話していた。

ある朝機嫌の悪いまま登園したA君は，母親の迎えが遅いことに納得ができず，かんしゃくを起こしてひっくり返って泣いていた。その姿を見た数人の友だちが，「A君って赤ちゃんみたい」と言って笑ったのを母親が見て，個別面談を希望するという連絡が入った。立ち話ではなく，面談の場を希望するということは，保育者側からすると，保護者が立ち話では済まない問題を抱えている，というメッセージである。

●面談実施
　面談当日は，両親がそろって訪れた。両親の第一声は「先生のクラスにはいじめがあります」であった。母親は，A君が友だちに「赤ちゃん」と笑われたことをいじめであると受け止めていた。また，A君が「友だちが遊んでくれない」と家庭で訴えていることも，両親にとってはいじめられていると捉えていた。
　担任保育者と所長は，「いじめ」という表現でA君が置かれている状況を捉えた両親の思いをじっくりと聞いた。その上で，A君の保護者にとっての問題が何であるかを確認した。

1）保育所での相談援助における保護者と保育者の関係性

　A君の事例のように，相談機関における面接とは異なり，保育所での保護者と保育者は初対面ではない。すでにクラスでの担任と保護者という関係性が存在する中で，保護者からA君の友だち関係についての不安についての相談が行われた。保育所に在籍する子どもの保護者への支援においてはこの特徴を考慮する必要がある。援助計画を考える際，それまでの保護者・子ども・保育者の関係性を振り返り確認しながら検討するのである。
　本事例の場合では，A君一家は4月に他の地方から引っ越してきたため，保育者との関係が築かれ始めたところであった。主にA君の送迎を行う母親は勤務先が遠いため延長保育を利用していた。そのため担任保育者の勤務時間と重ならないことも多く，対面して話す機会が毎日あったわけではなかった。また，連絡ノートも，3歳児以上は毎日記入しないという保育所側の方針があった。このような背景から，保護者とのコミュニケーションは十分にとれているとはいえない状況であった。それまでの関係性を振り返ることで，支援計画に盛り込むべき内容もよりきめ細かいものになるのである。

2）アセスメント

　面談によって，問題の背景として，保育者は，A君の家庭の生活状況・保

護者のA君への愛情を理解することができ，A君の保護者の問題としていることが明確になった。

> 父親の転勤のためA君が生まれてからでも3回目の引っ越しであった。転勤のたびに，家族全員が新しい人間関係を築かなければならないしんどさ，父親の仕事は忙しく帰宅は深夜になりがちであること，母親は通勤と仕事の負担を抱えていること，これらの状況がA君の家族の生活の基盤にあった。さらに，A君のアレルギーとアトピーの症状，3月生まれで他の友だちとの月齢差を保護者が心配していること，A君をかわいがるあまり，A君の要求はほぼすべて受け入れてきたこと，父親は子ども時代にいじめられた経験があること，などについて保護者から話を聞いた。

これらの状況から，保育者は，A君が保育所で楽しく遊べていないということは，保護者にとって大きな問題であることを認識した。また，現時点では，友だちとのかかわりについての保育者の視点（A君の人とのかかわりにおける難しさ）を理解することは難しいことも確認できた。

3）援助計画

援助計画は，利用者の問題解決に向けての目標設定と具体的な支援方法を決定するものである。日常の保育と一体となった保護者支援においても，それぞれのケースに応じて，保護者のどのような肯定的変容を目標とし，その目標へ到達するための具体的方法を考えることが必要である。

ここで重要なのは，ソーシャルワークの過程では，目標と計画を援助者が一方的に決めるのではなく，ワーカーとクライエントが話し合いながら決めることである。クライエントの意思を尊重しながら，目標設定と援助計画の立案にクライエントが参加し，ワーカーと協働で問題解決へ向かうように働きかけることが求められる[9]。

A君の事例では，第1回目の面談によるアセスメントで，解決すべき問題が明確になり（A君が保育所で友だちの関係が良くなり保護者の不安を解消する），到達目標（A君がからかわれないこと，友だちと楽しく遊べること，保護者と保育者の信頼関係を深める）も共有し，目標達成のための計画（連絡ノートでのやりとりを密にする，担任以外の保育者とも連携しA君の友だち

とのかかわりを改善する）を話し合いの中で決定した。
4）具体的計画
　A君の保護者への相談援助における具体的計画を表6-1に示した。
　保護者の問題解決のためには，保護者だけでなく，関係する人々への働きかけを行うことが必要である。保育所側では，担任保育者だけでなく，職員全員が問題を共有し，援助の方向性にも一貫性をもたせるようにした。
5）目標達成への時間的見通し
　援助の到達目標を達成するためには，その見通しをもって援助にあたることが必要である。A君の事例では，保護者の直接的な訴えである，「赤ちゃん」と笑われ「いじめられている」という問題は，子どもたちと話し合い，保育者が丁寧に観察し，必要な場合に介入することで，短期間で解決すると予想された。一方，A君が友だちと楽しく遊べる仲間関係を築くという目標は短期間での達成は容易ではない。保育者が，A君も遊びに入れてあげるよう友だちに言うことは簡単である。しかしここで求められるのは表面的な仲の良さではなく，A君も友だちもが一緒に遊んで楽しいという実感を重ねながらつくっていく関係である。A君と友だち双方にかかわりながら，徐々に変化を促すことが必要である。したがって，その変化のプロセスを保護者と共有し続けながら，比較的長期間の見通しをもった援助となることが想定された。

（4）保護者への相談援助活動における記録
　支援の計画を立て，問題解決に向かって取り組むにあたり重要となってくるのが，記録である。岩間は，「ソーシャルワーカーがその使命を果たし，より効果的なサービスを提供するための実践が，記録の作成抜きには成立しない」，と述べている[10]。
1）ソーシャルワークにおける記録の意義
　ティムズ（Timms, N.）（1989）がソーシャルワークの記録の意義[*1]について述べた中の一つに，クライエントへの間接的利益として，記録をすることが

[*1]　ティムズは記録の意義として次の6点をあげている。①サービス，②直接的利益，③間接的利益，④クライエント全般にとっての利益，⑤教育訓練，⑥調査研究。

表6-1　A君の保護者への具体的援助計画

援助の到達目標
大きな目標：A君の保護者が，A君が楽しく保育所で過ごしていることで安心できるようにすること。
下位目標： ① 「赤ちゃん」とからかうことで傷つく友だちがいることをクラス全体で理解し，友だちがいやだと思うことはしないようにすること。 ② A君が友だちと楽しく遊べるような関係づくりを行うこと。
保護者への直接援助
① A君の友だちとのかかわりについて，担任保育者を中心に，A君にかかわる保育者全員が注意深く観察し，情報を交換する。 　朝夕の保護者の送迎時は，A君の友だちとのかかわりや遊びを中心にした一日の様子を保護者に口頭で伝言できるよう，日中の様子は担任保育者が担当保育者に丁寧に申し送りをしておく。 ② 担任保育者は，たとえ短くても毎日連絡ノートにその日のA君の姿を書くことにした。友だちとのかかわりを中心に書くが，A君の発想のおもしろさや，好きな遊びなど，保育所でのA君が楽しく過ごせていることも伝えるようにした。 　担任保育者が中心となり，A君の保育所での様子を伝えると同時に家庭での様子を聞くようにした。
A君と友だちへの援助
① A君と友だちとのかかわりを観察し，A君が要求が通らないことでかんしゃくを起こすなどのことが原因で遊びがうまくいかないとき，あるいは友だちが敬遠してしまっているときなどは，その場にいる保育者が，A君の思いをよく聞き，仲良く遊ぶためのヒントを与えるなどの働きかけをすることに努めることにした。 ② A君の提案する遊びの内容が友だちに伝わらないときは，保育者が橋渡し役となり説明を付け加えるなど，A君と友だち双方が，一緒に遊んで楽しいという実感がもてるように援助することにした。
クラス全体への援助
① A君の保護者が「いじめ」であると認識した「赤ちゃん」発言については，クラスの朝の集まりの時間の話題として取り上げることにした。具体的には，子どもたち全員で，言われて嫌な思いをすることがあること，嫌だと思ったときはその思いをどのように伝えたらよいのか，について考える時間を設けた。 ② 友だちの提案した遊びの内容がよくわからないとき，提案した子にどのように伝えるのか，友だちと仲良く遊ぶために必要なことは何か，など遊びの中でのやりとりについて，子どもたちから意見を引き出していくことにした。

ソーシャルワーカーの援助の質向上につながる，とある。まず，記録は，ソーシャルワーカーがその状況を個別化する助けになるという。記録は，「ある状況における要素を分類して検討する助けとなり，それら要素の全体状況に対する関係を見分ける助けとなる」のである[11]。A君の事例で考えると，記録があることで，①保護者が何を訴え，②問題とされている状況（A君がいじめられている，という保護者の訴え）と③その背景（転居による保護者のストレスなど）を整理することができる。それにより保育者は保護者の抱える問題に対してどのように援助するか，を客観的に検討することが可能である。次に，記録は診断と処遇に役立つ。記録を書くことにより，面接において何が重要であったかを整理し，ケースに対する洞察を深め，援助の計画を見直していくことが可能になる[12]。事例では，記録する過程で，保護者の発言から，訴えの背景にある保護者の思いや生活状況を見極め，A君と友だちだけでなく，保護者・保育者との関係性まで視野に入れた援助を進めることが，問題解決のために必要だと認識できた。

　保護者への相談援助活動において，子どもと保護者を含む援助計画や記録を作成し，援助に生かすことが求められ，記録は計画とともに支援のプロセスに必要であることが「保育所保育指針解説書」に示されている[*2]。保育現場における記録，とりわけ子どもの姿が直接記されているもの（たとえば日々の保育日誌や個別記録など）は，子どもの育ちを捉え，次の援助を考えるためのものであると同時に，保護者支援において，子どもの姿を振り返り，確認するための情報としても機能する。

2）記録の目的

　對馬節子は，ソーシャルワークの記録活用の目的を，①援助実践の自己内省，

[*2] ③保育所における個別支援
　　保育所における個別的な援助に当たっては，保育の専門性という視点から情報収集と分析，援助方法や手段の選択等を行います。収集する情報の例としては，保護者の意向や思い，家族の状況，関わりのある社会資源等に加えて，子どもの発達や行動の特徴，生活リズムや生活習慣，そして保育所における子どもの行動特徴，送迎時や連絡帳の記述等に見られる親子関係等を挙げることができます。保護者への支援業務に責任を持って適切に対応するためには，必要に応じて子どもと保護者を含む援助計画や記録を作成し，援助に生かすことが求められます[13]。

②業務・援助の情報について管理・確認，③調査・研究，④教育・訓練，と4つに分類し，さらにそれぞれについて，ミクロ・メゾ・マクロの認知範囲によって，記録の種類を分類している[14]。保育における記録も，對馬の分類を参照してその目的を明確にすることができる。たとえば，保護者との面接における記録は，援助実践の自己内省のために用いる記録であり，個々の事例を会議で検討する場合の記録は業務・援助の情報を管理・確認する記録になる。

　保育者は，それぞれの記録が何のために用いられるものであるかを明確にし，そのためには，何を書く必要があるかを考え，さらに，書かれた記録が援助過程に用いられるものとなり得ているかを確認しながら，記録を行う必要がある。

3) 記録の方法

　佐藤によると，ソーシャルワークにおける良い記録の要点は，①読みやすくわかりやすいこと，②内容によって記録の形式を変えること，③事実を書き，その意味づけを理解しようとしていること，④必要なもののみを記録すること，⑤ソーシャルワーカーの意図的働きかけと，その利用者の反応を書くこと，⑥社会的責任を自覚して書くこと，である[15]。保育の場での記録についても，上記の要点は当てはまる。記録は単なる事実の羅列ではなく，その記録の目的に即して，記録するべきことを選択し，必要な場合は記録者（保育者）の事実への意味づけを行うことも求められる。ここにも保育者の力量が問われるのである。

　それでは，A君の事例を再び取り上げながら，保育所での保護者支援の展開における記録を具体的にみていく。

4) 面談における記録

　A君の保護者との面談の内容は，担任保育者によってできるだけ詳細に記録が残された。その内容には，面談日時，面談時間などの基本的な情報と，保護者からの相談内容，相談内容に対する保育所側の対応，今後の支援の進め方の確認，が含まれる（表6-2）。

5) 具体的援助過程における記録

　担任保育者が毎日連絡ノートにA君の様子を記入し，「家庭でのA君の様子もぜひ教えて下さいね」というメッセージを付け加えると，母親から家庭での様子を書いてくれるようになった。保育者は，家庭での様子を知ることで，

表6-2　A君の保護者の相談記録

保護者相談記録
○年○月○日（曜日）面談時間○時〜○時
児童氏名：A　　　来所者：父・母
対応者：担任保育者・所長
保護者の相談内容
・A君がクラスの友だちにいじめられている。 「赤ちゃん」と言って笑われているところを母親が目撃した。その場にいた保育者は，からかった子どもに注意していなかった。 A君は友だちが一緒に遊んでくれない，と家庭で訴えている。 ・A君は生まれ月も遅く，体も小さい。また，転居してきたため，友だちと仲良くできるか両親は心配である。 ・保護者としてはA君を保育所に預けることがとても不安である。 ・保育者はクラスの子どもたちが仲良く遊べるように対処してほしい。
保育所側としての対応
・保護者の訴えをよく聞き，「いじめがある」と述べた背景にある思いを受け止めた。 ・保育者が子どもたちとかかわる中で，A君の自己主張と他の子どもたちとの思いがずれていることが多いこと，遊びのルールの共有がA君にとっては難しいときがあること，そのため，他の友だちはA君と一緒に遊ぶと遊びが中断してしまうことを感じとっている，という状況の説明を行った。 ・4歳児ぐらいになると，泣いている理由によっては（わがままなど）泣くことが適切ではないと捉え，悪意はないものの「赤ちゃん」と表現することはよくあることを説明した。しかしその表現は泣いている本人を傷つける可能性があることを保育者が状況を敏感に観察し，発言した子どもに伝えるべきであったことを保護者に伝えた。
今後の支援の進め方の確認
・今回の相談について，担任保育者だけでなくA君にかかわる保育者全員が共有し，A君の友だちとのかかわりをよく観察し，A君が楽しく遊べるために必要な場合は保育者が仲立ちをするなどして援助する。 ・泣いている子どもを「赤ちゃん」と言って笑うことは，その子どもを傷つけることにあるという話を，クラスの子どもたちと一緒に考える時間をもつ。 ・保護者との対面でのコミュニケーションが不十分であったため，担任保育者は，保護者に直接会うことができない日は連絡ノートにその日のA君の様子をできるだけ詳しく書くよう努める。

保育所で見せることのないA君の姿を知ることができた。1週間ほど経過した頃，母親と担任保育者がお迎え時に話した際，母親が，A君は相変わらず友だちが遊んでくれないと言ったりしているが，連絡ノートにそれ以外のA

君の姿が書かれていると少しほっとする，と言った。このような送迎時の会話も，担任保育者が自分のノートに記録し，こまめに所長に報告し，さらに職員会議で状況を報告した。面談の記録だけでなく，連絡ノート上の記録や保育者のインフォーマルな記録上で保護者とのやりとりを残し，共有していくことも，援助過程において重要である。

> 　第1回目の面談から1か月後，母親から再び面談の申し入れがあった。相談内容は，1か月近く経過するが，A君がまだ友だちと遊べないと言っており，心配だというものであった。第2回目の面談でも，保護者の心配な思いをまず十分に聞き，前回の面談からの1か月で，相談の直接のきっかけとなったからかいの問題は見られなくなったこと，遊びでの友だちとの関係性については，じっくりとかかわっていることを両親に説明した。
> 　保護者は，「赤ちゃん」と笑われたことに対しては改善されていると受け止めた。だが，連絡ノートのやりとりを読んで少しは安心するものの，A君からの「遊べない」という訴えは続いており，「先生はいいことばかりしか書いていませんけど，うまくいっていないことも教えてほしいです」と要望を伝えた。

　この面談後，担任保育者が，連絡ノートの内容と個人のインフォーマルな記録とを見直してみると，保護者に安心してほしいという思いから，遊びがうまく続かなかったり，遊びに入れなかったというときの記述は少ないことが確認できた。この面談後，保護者からの，A君の良いときも良くないときも両方知りたい，という願いに応えていくことにした。こういった場合も，記録を読み返すことにより確認作業を行うことができ，援助方法の見直しにつなげることが可能になる。

(5) 保護者への相談援助活動における評価

　2回目の面談は保護者からの申し出により行われ，援助の見直しをすることになったが，申し出がなかったとしても，援助の取り組みを進める中で，援助のプロセスを振り返り，目標と計画に照らし合わせながら，保護者と子どもにとって適切な援助となっているかを検討し，必要な場合は見直しを行うことが必要である。この過程が評価である。ここからは，具体的援助過程の評価につ

いて考える。

1) ソーシャルワークにおける評価

　ソーシャルワークにおいて，クライエントへの援助が適切なものとなっているかどうか，援助過程の振り返りを行うことが必要である。ソーシャルワークの評価には，プロセス評価とアウトカム評価がある。プロセス評価は，援助過程において，その援助が適切であるかどうかを検討し，援助計画の見直しや継続を判断することと，援助の終結時に，援助開始からのすべての過程を振り返ることとがある。アウトカム評価は，援助の目標達成がなされたかどうかについての評価である[16]。評価においても，それまでの過程を振り返るのは，ワーカーだけではない。クライエントとともに振り返りを行い，計画の見直しが必要か，見直しが必要な場合はどのように変更していくのかを話し合う。

2) 保護者への相談援助における評価

　A君の事例の場合は，2回目の面談がきっかけとなり，月に1度は保護者と個別に面談をする機会を設けた。記録をもとに，A君と友だちとの関係の変化，家庭でのA君の様子を両者が重ね合わせた。保護者の思いを聞き，援助の方向を再確認するという評価を繰り返しながら援助を継続した。評価のプロセスにおいても，振り返りのために記録を丁寧に残しておくことが重要になってくる。保護者支援において，援助計画を立て，実践し，記録をとり，実践を振り返りながら計画を修正し，新たな実践を行う，この連続したプロセスは，日々の保育実践のプロセスと同様である。A君の事例では，年度末の3月までこのプロセスを重ね，次年度の担任に引き継ぐこととなった。担当者が変わる場合，それまでの援助過程の評価・まとめを行い，次の担当者へのきめ細かい引き継ぎを行う必要がある。

　年度末の時点での面談では，それまでの援助プロセス全体を保護者とともに振り返った。約1年間の継続した援助過程において，保護者の心配はすべてではないものの少しずつ解消されてきた。援助過程において保育者が連携してきめ細かく保護者とコミュニケーションを取り続けたことにより，保育者全員がA君のことを気にかけていることが保護者に伝わった。保護者自身が，保育所でのA君の様子を知る中で，家庭ではA君の要求をすべて受け入れており，がまんが

> 必要な場合があることを教えていなかったことを理解した。また，運動会など集団での活動を保護者が見たときに，A君が落ち着けなかったり，不注意で友だちにいやな思いをさせていたり，という場面を見て，友だちとの関係において，A君が一方的で理不尽な拒絶を受けているわけではないことも捉えていた。

　集団の中でのA君の姿を見る機会が何度かあったことで，保護者の問題の捉え方が少し変化した。保護者は，友だちができていることがA君はできていない，という（たとえば発表会で並んで歌を歌うときに動いてしまうことなど）捉え方をしており，A君の発達への心配と，友だちに迷惑をかけているのではないかという心配を抱くようになった。保育者は，A君の得意なことや，好きなこと，友だちと仲良く遊べたときのことなどをこれまで以上に保護者に伝え，保護者がA君をバランスよく捉えられるように努めた。

　A君の事例では，保護者への援助を引き続き次年度も継続することで保護者と保育者双方が合意し，これまでの援助過程の評価をふまえ，新たな援助計画について話し合った。保護者は，これまで家庭ですべて聞き入れていたA君の要求を見極め，必要なときにはがまんをすることを伝える，感情が高ぶってしまう場合は，まず落ち着いて話せる環境を整えるという目標をもった。保育者は，A君のこれまでの経過を新しい担任保育者に伝え，継続して友だちとのかかわりを支え，保護者と情報交換をしていくことを確認した。

(6) 相談援助における保育者の倫理

　ここまで保護者支援での相談援助のプロセスにおける，計画・記録・評価に焦点を当て具体的にみてきた。計画・記録・評価のすべての過程において共通するのは，保育者の倫理について自覚的になる必要性である。社会福祉専門職と同様[*3]保育者においても全国保育士会が「全国保育士会倫理綱領」を策定し，保育者としての行動原理が明示されている（第4章 p.41参照）。とくに個別相談支援の場合，プライバシーの保護のための守秘義務を遵守することが重要で

[*3] 国際ソーシャルワーカー連盟（IFSW）・国際ソーシャルワーカー学校連盟（IASSW）の共同文書である「ソーシャルワークの倫理：原理についての表明」[17]，社団法人日本社会福祉士会「社会福祉士の倫理綱領」(2005)

ある。保育所において，子どもの情報はもちろんのこと，日常の保育での出来事，保護者についての情報など，守秘義務を遵守すべき事柄は非常に多い。個別相談支援においては，面接の過程で，家庭の様子や仕事の状況を詳細に聞いたり，時には保護者の考え方の背景として保護者の成育歴を聞いたりすることもある。支援のために必要な情報であるが，取り扱いには細心の注意を払わなければならない。知り得た情報を口外したり，保育所の外に持ち出すことがあってはならない。

　本節では，具体的な援助の展開過程における，計画・記録・評価の過程に焦点を当て，ある事例を追いながら解説してきた。保護者の援助の過程は日々の保育実践から独立したものではなく，保育の中で一体となって行われていることが，保育における相談援助活動の大きな特徴である。保護者支援のプロセスは子どもの保育と密接にかかわっており，保護者だけへの働きかけでは問題は解決へ向かわない。A 君，A 君の友だち，保育者への働きかけも同時に行いながら，保護者の変容を援助する必要がある。保育者と保護者の関係性の中心にある子どもとの信頼関係を十分に築いていくことが，保護者との関係にも影響を与えていく。A 君の事例では，保育者と A 君の信頼関係は時間を経るごとにしっかりとしたものになっていった。保育者が A 君とのかかわりにおいて，友だちとの関係づくりに難しさを感じながらも，常に A 君の良さを発見し，受け入れ，友だちにも伝えていくことを継続する中で，A 君にとって保育者は信頼できる存在となっていた。家庭で A 君が保育者のことが好きだと言っていることが保護者にとっては一つの支えとなり，保育者の支援を受け入れられることにつながっている。このように，保育の場での保護者に対する相談支援は保育者・子ども・保護者の三者の関係性の中で進められていく。

　本節で取り上げた A 君の事例は，ともすれば，「わが子がいじめられている」「保育者の対応が不十分だ」といった，保護者からの「苦情」と受け止められかねない「問題」であるだろう。だが，保護者の表面的な発言のみを捉え，「苦情」として受け止めていては，保護者の援助には結びつかない。保護者の発言の背景にある生活状況や子どもへの愛情などを冷静に捉え，保護者を理解しようとする態度が保育者に求められている。

コラム：保護者との関係

　保育の勉強を始めたばかりの学生の皆さんに，保育者の仕事で大変そうなことは何だと思いますか，と尋ねたところ，半数以上の学生から，「保護者との関係」，「難しい保護者との対応」という答えが返ってきて驚いたことがあります。最近は「難しい保護者」という言葉が一人歩きしてしまっているように思います。学生生活の中で，「あの人は苦手」だと思ったことのある人は多いでしょう。しかし，その人を知る中で最初に抱いた苦手意識が変化した経験もあるのではないでしょうか。保育者にとっての保護者との関係も，その保護者を理解しようと努力する中で，「難しい」というイメージが変化するはずです。保育者は，子ども一人一人を理解しようとする姿勢と同じように，保護者一人一人を理解しようとする努力が必要です。保護者は保育者にさまざまなメッセージを送ってくることもあります。その表現のしかたが，時に攻撃的になることもあるでしょう。しかしながら，その背景には必ず，保護者の子どもへの思いや，保護者の生活上の悩みなどがあります。表面的な態度や言葉だけに注目するのではなく，一歩立ち止まり，保護者を理解しようとすれば，「難しい保護者」という先入観にとらわれずに関係を築くことができます。

コラム：保育要録

　保育所から小学校へ入学する際，継続的な育ちの支援を行うためには，一人一人の子どもが保育所生活の中でどのように育ってきたのかを小学校に伝えることが必要です。これまでも，保育所と小学校の交流や，就学前に担当保育者と小学校教員とが一人一人の子どもの育ちの様子を共有することが行われてきました。この目的をもって，2008年改定の保育所保育指針で，各自治体が書式を作成し，年長児の担当保育者が記入した「保育所児童保育要録（保育要録）」を，それぞれの子どもの入学する小学校へ送付することとなりました。

　具体的には，養護の側面と教育の5領域の側面をふまえた発達の姿，その子どもの良さ・全体像などの内容がまとめられたものとなります。保育所から小学校への移行をさらにスムーズにし，子どもが安心して小学校生活を送ることに貢献するものといえます。

2. 関係機関との協働

　2005年2月，厚生労働省雇用均等・児童家庭局は，各都道府県知事および各指定都市市長に対して「市町村児童家庭相談援助指針について」を示した。これは「従来，児童福祉法（昭和22年法律第164号）においては，あらゆる児童家庭相談について児童相談所が対応することとされてきたが，近年，児童虐待相談件数の急増等により，緊急かつより高度な専門的対応が求められる一方で，育児不安等を背景に，身近な子育て相談ニーズも増大している」という現状を重視したものである。そして，「住民に身近な市町村において，子どもに関する各般の問題につき，家庭その他からの相談に応じ，子どもが有する問題又は子どもの真のニーズ，子どもの置かれた環境の状況等を的確に捉え，個々の子どもや家庭に最も効果的な援助を行い，もって子どもの福祉を図るとともに，その権利を擁護する」ことが求められるとした。

　この指針をふまえ，市町村が相談援助活動を適切に行えるよう，「活動系統

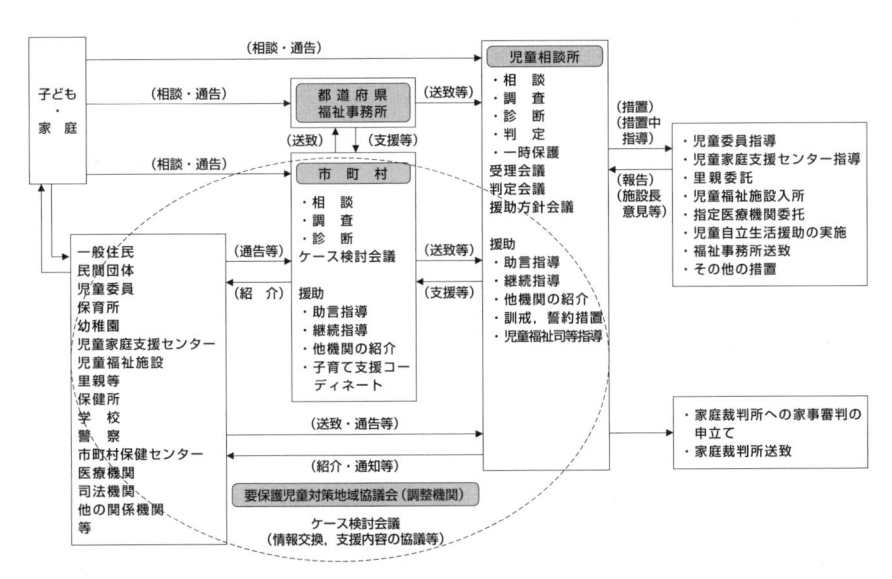

図6-1　市町村・児童相談所における相談援助活動系統図

（厚生労働省ホームページより）

図」も示された（図6-1）。そして，保育者は，この図の中のさまざまな機関に所属し，子ども家庭相談にかかわることになるのである。

現在，子ども家庭問題の多くは，各専門機関を横断するような重層的課題を抱えているが，それら問題の解決を効率的・効果的に行うには，早期に気づき，早期に対応して，深刻化することを未然に防ぐことが重要といわれる。保育者は，所属機関と諸機関とが協働する目的をここに見出し，どういう状況において，どの機関との連携が必要になるのかを考えてみよう。

（1）児童相談所

児童相談所は，子どもの福祉全般にかかわる行政機関であり，都道府県および政令指定都市に設置義務があり，2006年4月からは，中核市（人口30万人以上）にも設置することができる（児童相談所設置市）。2010年5月1日現在で全国に205か所あり，そのうちの125か所に一時保護所が設置されている。

児童相談所の業務は，子どもおよび妊産婦の福祉に関し，①子どもに関する家庭その他からの相談のうち，専門的な知識および技術を必要とするものに応ずること，②子どもおよびその家庭につき，必要な調査並びに医学的，心理学的，教育学的，社会学的および精神保健上の判定を行うこと，③子どもおよびその保護者につき，②の調査または判定に基づいて必要な指導を行うこと，④子どもの一時保護を行うこと[18)]である。

表6-3 児童相談所における相談の種類別対応件数の年次推移

	2004年度	2005年度	2006年度	2007年度	2008年度	対前年度	
						増減数	増減率(%)
総　数	351,838	349,911	381,757	367,852	364,414	△3,438	△0.9
障害相談	158,598	162,982	194,871	182,053	182,524	471	0.3
養護相談	74,435	75,668	78,863	83,505	85,274	1,769	2.1
育成相談	65,356	61,304	61,061	58,958	55,005	△3,953	△6.7
非行相談	18,084	17,571	17,166	17,670	17,172	△498	△2.8
保健相談	5,474	4,430	4,313	3,411	2,970	△441	△12.9
その他の相談	29,891	27,956	25,483	22,255	21,469	△786	△3.5

(2008（平成20）年度社会福祉行政業務報告結果概況，http://www.mhlw.go.jp/toukei/saikin/hw/gyousei/08/kekka8.html)

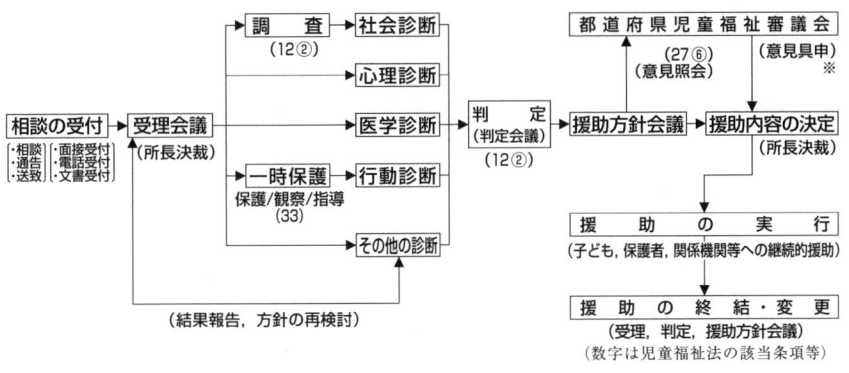

2. 関係機関との協働　103

```
相談の受付 → 受理会議 →  調　査  → 社会診断       都道府県児童福祉審議会
・相談        (所長決裁)   (12②)  → 心理診断       ↑ (27⑥)      (意見具申)
・通告 ・電話受付                  → 医学診断  → 判　定 → 援助方針会議 → 援助内容の決定 ※
・送致 ・文書受付     → 一時保護 → 行動診断  (判定会議)                    (所長決裁)
・面接受付            保護/観察/指導            (12②)
                      (33)    → その他の診断           援　助　の　実　行
                                                (子ども，保護者，関係機関等への継続的援助)
           (結果報告，方針の再検討)
                                                 援　助　の　終　結・変　更
                                                    (受理，判定，援助方針会議)
                                                 (数字は児童福祉法の該当条項等)
```

※

援　助	
1　在宅指導等 　(1) 措置によらない指導 (12②) 　　　ア　助言指導 　　　イ　継続指導 　　　ウ　他機関あっせん 　(2) 措置による指導 　　　ア　児童福祉司指導 (26①Ⅱ, 27①Ⅱ) 　　　イ　児童委員指導 (26①Ⅱ, 27①Ⅱ) 　　　ウ　児童家庭支援センター指導 (26① 　　　　　Ⅱ, 27①Ⅱ) 　　　エ　知的障害者福祉司，社会福祉主事指 　　　　　導 (27①Ⅱ) 　　　オ　障害児相談支援事業を行う者の指導 　　　　　(26①Ⅱ, 27①Ⅱ) 　　　カ　指導の委託 (26①Ⅱ, 27①Ⅱ) 　(3) 訓戒，誓約措置 (27①Ⅰ)	2　児童福祉施設入所措置 (27①Ⅲ) 　　指定医療機関委託 (27②) 3　里親，小規模住居型児童養育事業委託措置 　　(27①Ⅲ) 4　児童自立生活援助の実施 (33の6①) 5　福祉事務所送致，通知 (26①Ⅲ, 63の4, 　　63の5) 　　都道府県知事，市町村長報告，通知 (26 　　①Ⅳ, Ⅴ, Ⅵ, Ⅶ) 6　家庭裁判所送致 (27①Ⅳ, 27の3) 7　家庭裁判所への家事審判の申立て 　　　ア　施設入所の承認 (28①②) 　　　イ　親権喪失宣言の請求 (33の6) 　　　ウ　後見人選任の請求 (33の7) 　　　エ　後見人解任の請求 (33の8)

(数字は児童福祉法の該当条項等)

図6-2　児童相談所における相談援助活動の体系・展開
(厚生労働省「児童相談所の運営指針について」, 2005)

　児童相談所が対応した相談種別件数（表6-3）によれば，伝統的に障害相談が多く，全体の約半分を占めるまでになっている。2008年度の前年度比では，総数では減少しているが，養護相談（児童虐待相談を含む）は2.1％増と近年養護相談の増加が著しい。
　都道府県または児童相談所が実施する行為である措置（行政行為）には，里

親委託措置や児童福祉施設への措置がある。

保育者が児童相談所と協力体制をとり援助活動を行った場合，児童相談所内での活動の流れ（図6-2）について，概要を把握しておこう。

(2) 福祉事務所

福祉事務所は，社会福祉全般（福祉六法）にかかわる第一線の行政機関であり，都道府県および市（特別区を含む）は義務設置，町村は任意設置である。ただし，1993年4月には高齢者および身体障がい者福祉分野で，2003年4月には知的障がい者福祉分野で，居住型施設への措置事務等が都道府県から町村へ移譲されたため，都道府県福祉事務所では生活保護法，児童福祉法，母子及び寡婦福祉法（福祉三法）のみを所管することとなった。

現在，福祉事務所の設置状況（2010年4月1日現在）は，都道府県214か所，市（特別区を含む）992か所，町村31か所の合計1,237か所である。

児童福祉法の改正（2005年4月施行）により，児童相談所は，「専門的な知

表6-4 家庭児童相談室における相談状況（川崎市）

本表は，各区役所と地区福祉センターの家庭児童相談室における相談状況を表したものである。

年度	総数	養護相談 児童虐待	養護相談 その他の	保健相談	障害相談 肢体不自由	障害相談 視聴覚障害	障害相談 言語発達等相談	障害相談 重症心身	障害相談 知的障害	障害相談 自閉症等
2006年度	2,061	444	420	24	2	1	26	6	53	8
2007年度	2,563	322	542	12	—	—	7	3	21	21
2008年度	4,987	645	925	247	12	1	63	4	67	107

年度	非行相談 ぐ犯行為等相談	非行相談 触法行為等相談	育成相談 性格行動相談	育成相談 不登校相談	育成相談 適性相談	育成相談 育児・しつけ相談	育成相談 その他の相談	(再掲) いじめ相談	(再掲) 児童買春等被害相談
2006年度	7	2	170	200	67	352	279	5	—
2007年度	7	—	121	270	191	323	723	10	—
2008年度	22	5	453	1,048	413	493	482	—	—

（資料：市民・こども局こども本部こども支援部こども福祉課，http://www.city.kawasaki.jp/20/20tokei/home/tokeisyo/menu.htm）

識及び技術を必要とするもの」への対応と市町村援助機能に重点を置き,住民に身近な福祉事務所では一般的な児童家庭相談を行うこととなった。家庭児童相談室での相談状況を川崎市の例（表6-4）でみてみよう。

2008年度は前年度と比べると,相談総数が約2倍に増えている。養護相談のうち児童虐待相談は倍増しており,障害相談のうち自閉症相談は約5倍になっている。養護・障害相談のうち,専門的知識・技術を要すると判断される場合は,児童相談所,療育センター等への送致が必要になると考えられる。家庭児童相談室は一般的な相談を行う場であり,育成相談（不登校相談,育児・しつけ相談等）が約48%を占めていることは,本来の役割を果たしているといえよう。

(3) 保健所・市町村保健センター

保健所は,地域保健法に基づき,都道府県,指定都市,中核市その他の政令で定める市または特別区に設置され,子どもに関しては,「母性および乳幼児の保健」（母子保健法）にかかわる企画,調整,指導および必要な事業を行う機関である。2010年4月現在,都道府県374か所,指定都市50か所,中核市40か所,政令市7か所,特別区23か所,合計494か所が設置されている。

また,児童福祉法における保健所の業務は,「①児童の保健・予防に関する知識の普及,②児童の健康相談,健康診査,保健指導,③身体に障害のある児童及び疾病により長期にわたる療養を必要とする児童に対する療育指導,④児童福祉施設に対する栄養の改善その他衛生に関する助言」[19]と明示されている。

市町村保健センターは,地域保健法に基づき,市町村が任意設置することができる。「住民に対し,健康相談,保健指導及び健康診査,その他地域保健に関し必要な事業を行うことを目的とする」施設である。その数は,2,726か所（2008年）である。

保健所と市町村保健センターは,「母子保健活動や医療機関との連携を通じて,養育支援が必要な家庭に対して積極的な支援を実施する等虐待の発生防止に向けた取り組みを始め,虐待を受けた子どもとその保護者に対して家族全体を視野に入れた在宅支援を行っている」[20]ところである。母子保健法が1965年に制定され,新生児訪問指導が実施されることになったが,虐待による死亡が生後4か月未満に集中していることから,2007年「生後4か月までの全戸

訪問事業（こんにちは赤ちゃん事業）」が始められた。2009年4月からは「乳児家庭全戸訪問事業」として，児童福祉法に位置づけられ，2010年7月1日現在の実施市町村数は1,561市町村で実施率は89.2％である。子どもの精神保健に関する問題についても，この2機関が重要な役割をはたしている。

(4) 児童家庭支援センター

児童家庭支援センターは，1998年の児童福祉法改正に伴って創設された，24時間365日体制で相談業務を行う児童福祉施設である。全国の児童養護施設を中心に付置されており，2010年4月現在，79か所で育児の不安，児童虐待，非行などに関する相談を行っている。

(5) 教育委員会

地方教育行政の組織及び運営に関する法律により設置される教育委員会では，「学齢生徒及び学齢児童の就学並びに生徒，児童及び幼児の入学，転学及び退学に関すること」，「生徒，児童及び幼児の保健，安全，厚生及び福利に関すること」（第23条）を取り扱っている。

就学基準に該当する子どもの就学先の決定については，障害者権利条約が示すインクルーシブ教育に基づき，特別支援教育のあり方が検討されてきた。従来の学校教育法施行令第22条の3に定める障害の程度（就学基準）に該当する子どもの就学先に関しては，市町村教育委員会が保護者と本人に情報を提供し，相談の上で決定することになる（図6-3）。現在，都道府県立特別支援教育センター等において教育相談を実施している。

(6) 社会福祉協議会

社会福祉協議会は，社会福祉法（第10章第2節）に定められた地域福祉の推進を図ることを目的とした民間団体である。

都道府県社会福祉協議会が実施主体，市区町村社会福祉協議会が窓口となって，生活福祉資金貸付制度を実施しており，低所得世帯（必要な資金を他から借り受けることが困難な世帯：市町村民税非課税程度），障がい者世帯（身体障害者手帳，療育手帳，精神障害者保健福祉手帳の交付を受けた者等の属する

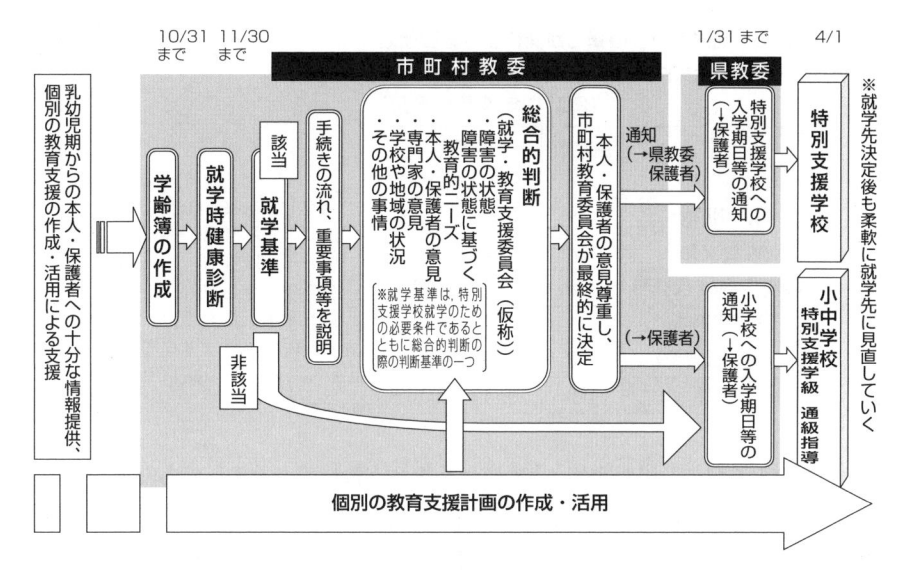

図6-3　障がいのある児童生徒の就学先決定について（手続きの流れ）
(資料：文部科学省, http://www.mext.go.jp/component/b_menu/shingi/giji/_.../1298956_5.pdf)

世帯），高齢者世帯（65歳以上の高齢者の属する世帯）を対象に，無利子ないしは低金利での貸し付けが行われている。（参考：厚生労働省, http://www.catv296.ne.jp/~shisuisyakyo/kasitsuke-jouken.pdf）

(7) 婦人相談所（女性相談所）・配偶者暴力相談支援センター

　婦人相談所は，売春防止法（第34条）により都道府県に設置される行政機関である。一時保護では，「配偶者からの暴力の防止及び被害者の保護に関する法律」（以下，配偶者暴力防止法：DV防止法）により，2002年からはDV（ドメスティック・バイオレンス）被害者とその同伴する家族の保護を行うこととされ，一時保護利用者の約70％（2005年度）は夫等からの暴力を主訴とするものであった。

　配偶者暴力相談支援センターは，配偶者暴力防止法（第3条）に基づき，婦人相談所その他の適切な施設において機能するものとされる。配偶者からの暴力の防止および被害者の保護を目的とし，相談機能，医学的または心理学的な指導，被害者の自立促進の援助等の業務を行う。また，同法に基づく一時保護

表6-5 配偶者からの暴力が関係する施設種類別相談件数
(2010年4月〜6月)

	施設数※	総件数	(構成割合)
婦人相談所	49	10,075	52.6%
女性センター	24	4,872	25.4%
福祉事務所・保健所	78	1,971	10.3%
児童相談所	11	745	3.9%
その他（支庁等）	28	1,486	7.8%
合計	190	19,149	100.0%

※（参考）施設数の報告状況は，
2010年5月31日　190か所
2010年5月21日　188か所
2010年5月13日　189か所
2010年4月19日　186か所
（資料：内閣府男女共同参画局，http://www.gender.go.jp/dv/soudan.html）

委託契約施設として，民間団体とともに母子生活支援施設がその任にあたっている。

子どもが同居する家庭における配偶者への暴力は，児童虐待の防止等に関する法律においては，心理的虐待として位置づけられている。

3. 多様な専門職との連携

保育士は，児童福祉法（第18条の4）において，「専門的知識及び技術をもって，児童の保育及び児童の保護者に対する保育に関する指導を行うことを業とする者」と定められた国家資格である。

2010年4月1日現在，保育士の約95％は，全国に23,068か所ある保育所で働いているが，児童福祉施設（児童養護施設，知的障害児施設，知的障害児通園施設，乳児院，重症心身障害児施設，肢体不自由児施設，母子生活支援施設，盲ろうあ児施設）においても活躍している。

保育所保育士および施設保育士（ここでは，児童養護施設を取り上げる）が，実際にどういった機関の専門職員と連携をとって，子どもの福祉に関する業務に携わっているのかを考えてみよう。

(1) 保育所保育士と専門職との連携

保育所保育士が，他の専門機関との連携が必要になるのは，主に障がいのある乳幼児への対応においてであり，連携機関として児童相談所，福祉事務所，

障害児等療育支援事業を実施している施設等があげられる。

1）児童相談所の専門職 [*4]

児童相談所における相談の種類別統計によれば，約半数が障がいに関する相談である。ある地方公共団体の最新の統計[21)]では，その障がいに関する相談のうち，乳幼児においては知的障がいに関する相談がもっとも多く，知的障がい児の心理判定をするケースが最多になっている。こういった実態に則して，保育士は，障がいの判定と療育手帳の取得について，児童相談所の児童福祉司（ケースワーカー）や児童心理司と連携をとり，子どもの福祉を考えることになる。その際保育士は，保護者の意向や思いに傾聴し，保護者との信頼関係を壊すことのない対応が求められる。

2）福祉事務所の専門職 [*5]

福祉事務所は，一般に担当業務ごとにいくつかの課に分かれており，その名称等は地方公共団体によって異なる。一例であるが，市福祉事務所を6課に分けて，業務を行っているK市についてみることにしたい（表6-6）。

保育課は，保育所を利用する保護者への支援を行うのが主な業務であり，保

[*4] 児童相談所の専門職：①児童福祉司：担当区域内の子ども，保護者等から子どもの福祉に関する相談，必要な調査・社会診断，子ども・保護者・関係者等に必要な支援・指導，子ども・保護者等の関係調整（家族療法など）を行う。②児童心理司：診断面接・心理検査・観察等によって子ども・保護者等への心理診断，心理療法・カウンセリング・助言指導等の指導を行う。③医師（精神科医・小児科医）：診察・医学的検査等による子どもの診断，医学的見地からの指示・指導，医学的治療，脳波測定・理学療法等の指示および監督，一時保護している子どもの健康管理等を行う。④保健師：公衆衛生および予防医学的知識の普及，育児相談・1歳6か月児および3歳児の精神発達面における精密健康診査における保健指導等，障がい児や虐待を受けた子ども及びその家族等に対する在宅支援，一時保護している子どもの健康管理等を行う。⑤看護師：一時保護している子どもの健康管理，精神科医および小児科医の診察等に係る補助的業務を行う。⑥児童指導員および保育士：一時保護している子どもの生活指導・学習指導・行動観察・行動診断・緊急時の対応等一時保護業務全般に関すること，児童福祉司や児童心理司等と連携して子どもや保護者等への指導を行う。⑦栄養士・調理員：栄養指導・栄養管理および衛生管理，一時保護している子どもの給食の献立の作成および給食業務を行う。⑧理学療法士等（言語治療担当職員を含む）・臨床検査技師：理学療法・作業療法・言語治療，脳波測定等の検査を行う。

[*5] 福祉事務所の専門職：社会福祉主事任用資格が必要な職種として，現業員，査察指導員，老人福祉指導主事，家庭児童福祉主事［要件：児童福祉事業従事2年以上等］家庭相談員［要件：児童福祉事業従事2年以上等］，母子相談員。

表6-6　K市福祉事務所の業務区分

生活福祉課	生活保護法に係る援助および更生等
こども課	子育て支援，手当等の給付事務，少子化対策，要保護児童の支援等
育児支援課	乳幼児健康診査，母子健康手帳の交付，妊産婦および乳幼児等の訪問指導等
保育課	児童福祉法に係る保育の実施等
高齢者・地域福祉課	権利擁護および高齢者の総合相談，高齢者の生きがい対策等
障がい者支援課	障害者手帳等の申請から交付までの手続き等

(K市の「障害者（児）をとりまく関係機関」より作成)

育所との接点は，障がいのある乳幼児が在籍する場合の職員の加配についてである。保育士が障がいのある乳幼児に関して相談をするのは，育児支援課の保健師[*6]である。また，保育士は障がいのある子どもをもつ保護者の相談窓口として育児支援課の保健師を紹介することもある。

3)「障害児等療育支援事業」に従事する専門職

都道府県事業である「障害児等療育支援事業」は，居宅で生活している障がい児等の地域生活を支えるため実施される，訪問および外来による療育相談，保育所や小規模作業所を訪問し，相談支援等を行う事業である。本事業は，現在一般財源化により全国一律に実施されているわけではなく，実施されている施設についても，公立の機関ないしは入居型の知的障害者施設を運営する社会

[*6]　看護師・保健師：看護師は，「保健師助産師看護師法」に基づく業務独占の国家資格である。看護師とは，「厚生労働大臣の免許を受けて，傷病者若しくはじょく婦に対する療養上の世話又は診療の補助を行うことを業とする者」と定められている。保健師は，看護師同様「保健師助産師看護師法」において，「厚生労働大臣の免許を受けて，保健師の名称を用いて，保健指導に従事することを業とする者」とされ，名称独占資格に位置づけられる。

　看護師は，児童福祉施設である，乳児院，自閉症児施設，肢体不自由児施設，肢体不自由児通園施設，重症心身障害児施設，情緒障害児短期治療施設に配置されている。近年の病児・病後児保育の場においては，保育士，看護師，医師，栄養士等の専門職グループによる保育と看護の実践が必要である。

　保健師は，児童虐待につながる深刻な子育て不安への重要な支援者として，保健所や市町村保健センターでの乳幼児健診の結果を受けて，家庭訪問を実施している。虐待を未然に防ぐためのレスパイト（休息）を目的として，保育所を利用することがある。

福祉法人が実施しているなど,さまざまである。保育所では,本事業に従事する職員の訪問を受け,療育相談等の支援や療育に関する技術の指導を受けることがある。本事業にかかわる人の多くは,実務経験を要する研修を経た相談支援専門員である。

(2) 施設保育士と専門職との連携

児童養護施設の職員には,保育士の他に児童指導員(社会福祉士*7等),臨床心理士*8がいる。保育士が連携をとる他機関の専門職についてみてみよう。

1) 児童相談所の専門職

児童養護施設で生活する子どもたちは,児童相談所の判定による措置(行政行為)に従い,保護者の同意を得て施設を利用している。施設の職員は,施設を利用することになった経緯,保護者の状況と問題の所在,子ども本人のことを児童福祉司に尋ねることがある。また,必要に応じて心理判定員が施設を訪問したり,施設の職員が子どもを児童相談所に連れていくこともある。

2) 福祉事務所の専門職

施設職員は,子どもの保護者の生活状況を把握するため,福祉事務所を訪れることがある。生活保護法の適用がなされているか等の,きわめて個人情報に関する問題について,福祉事務所のケースワーカー(社会福祉主事)と,子ど

---

*7 社会福祉士:1987年制定の「社会福祉士及び介護福祉士法」による名称独占の国家資格である。社会福祉士は「専門的知識及び技術をもって,身体上若しくは精神上の障害のあること又は環境上の理由により日常生活を営むのに支障がある者の福祉に関する相談に応じ,助言,指導,福祉サービスを提供する者その他の関係者との連絡及び調整その他の援助を行うことを業とする者」と定めている。資格者の登録状況は,122,431人(2010年2月現在)である。社会福祉士は,福祉事務所の社会福祉主事任用資格,児童相談所の所長および所員(児童福祉司)の資格として認められている他,社会福祉施設の生活指導員(高齢者・障がい者),児童福祉施設の児童指導員や母子指導員,医療機関の医療ソーシャルワーカー,社会福祉協議会や民間企業等が職場となっている。近年,独立型社会福祉士として事務所を開設し,相談,第三者評価等の業務に従事している。

*8 臨床心理士:被虐待の経験のある子どもの割合が約6割に達している児童養護施設では,心理療法職員が必要であることが1999年度より認められ,児童養護施設に配置されている。児童養護施設同様,被虐の経験のある乳幼児が増加している乳児院,DVの家庭に育った子どもも多いと考えられる母子生活支援施設においては,施設が任意で心理療法担当職員を配置している。

もの最善の利益に配慮するために連携をとることがある。

3）教育委員会

施設を利用することによる転校に関して，教育委員会と連携協力が必要になることがある。子どもの事情により，転校に必要な書類が整わないためである。一例であるが，住民票を移動させることにより，子どもの所在を親が知ってしまうことがある。住民票を移動させることなく，施設から通える地元の学校へ通えるよう，教育委員会学事課に特段の配慮を要請することがある。

4）教育機関（小学校・中学校）

学年が始まる4～5月に，子どもたちが通う小学校，中学校を対象として全体会を開催することがある。会は小・中学校のそれぞれの責任者と教員，施設の当該児童の担当職員とで構成され，施設側は施設の実情を開示し，児童養護施設への理解を深めてもらうことに努める。この時期に実施するのは，4月の教員異動により転入してきた教員に配慮するためである。

5）医療機関

発達障がいのある子どもの場合，精神科等の医療機関を受診することがある。施設所在地から通院できる民間医療機関との連携が必要になることがある。

6）民生委員・児童委員

子どもが施設から家庭復帰する場合，家庭の状況によっては民生委員に見守りを依頼することがある。

民生委員は民生委員法（昭和23年法律第198号）により，また，児童委員は児童福祉法により設置され，兼任のため，通称「民生児童委員」と呼ばれることが多い。民生児童委員は地域の中から選ばれ，民生委員は厚生労働大臣，児童委員は都道府県知事が委嘱する，無報酬の専門ボランティアで，任期は3年（再任可能）である。

7）里　親

学校の長期休暇期間（夏休み，冬休み等）は，施設から自宅に帰る子どもが多い。しかし，虐待により施設を利用している場合等，帰宅できない子どもの長期休暇期間に里親を利用することがある。また，定期的に週末を里親家庭で過ごすこともある。

里親制度（児童福祉法）は，法改正により2009年4月より，養子縁組によ

る養親を希望する養育里親，養子縁組を前提としない養育里親，親族里親，専門里親に区分された。子どもの最善の利益を考慮し，社会的養護のうちの家庭的養護を重視する方針に従い，里親制度の充実を図った。

> **演習9**
>
> 以上，「多様な専門職との連携」の節は，元保育所の所長および児童養護施設の施設長への聞き取り調査を基に執筆している。居住地により提供するサービスの種類や量に差があるので，各自実際に調べてみよう。

4. 社会資源の活用，調整，開発

(1) 社会資源とは何か

相談援助活動は，人が社会的な生活を営む上で，人とその人を取り巻く環境との間に生じた生活上のニーズを充足するために，さまざまな社会資源を用いて，解決または緩和することを目標として行われる実践活動である。その際に立案される利用者に対する支援計画は，社会資源の活用を含む援助活動の過程であるといえる。

その社会資源とは，「社会的ニーズを充足するために活用できる，制度的・物的・人的な分野における諸要素，または関連する情報」であり，「具体的には，制度，機関，組織，施設・設備，資金，物品，さらに個人や集団が有する技能，知識，情報など」[22]である。

具体的な相談援助の展開場面に即して考えてみると，たとえば，両親が就労している間，子どもを養育することができないといった生活上の困難が発生し，どこかで子どもを預かってほしいといったニーズを抱えたときに，保育所という資源が社会の制度として位置づけられており，その保育所を利用することによって子どもを預かってもらい，両親が安心して就労することができる。

このように，社会の制度に基づいて用意されている保育所が社会資源であり，この社会資源を活用する計画を立案し，実践していくことによって，利用者が抱える生活上のニーズを充足し，みずからが抱えている問題の解決を図ってい

く過程が相談援助なのである。

　そしてこの社会資源の範囲を考えてみると，上記にあるように実に広範囲なものとなる。小山によると，「利用者のニーズを充足に役立つものすべてが社会資源として位置づけられているといってよい」として，利用者ニーズ充足に役立つものすべてを「資源」という表現をしている。その上で利用者に基準を置いた区分として，この「資源」を2つに分類し，「その個人（利用者）の内部」にある資源を「内的資源」とし，利用者の「外部に存在している資源」を「外的資源」に分類をしている。さらに，この外部資源がソーシャルワーク実践である相談援助には必要なものとなってくるとしている[23]。

　つまり，私たちは，生活上の困難や障害を抱えたときは，まずなんとか自分自身で解決しようとする。その際には，自分がもっているもの，すなわち知識や経験，能力，技術等を生かそうとする。これらの資源が「内部資源」ということができる。しかしそれだけでは解決できない場合が多くある。そのときには，自分自身を取り巻いている環境の中にあるもの（資源）を活用しようとする。たとえば家族，友人，専門家等に相談したり，悩みを打ち明けたりする。そしてその人から助言や情報を得て，抱えている問題の解決に活用してみようとするのである。このように助言や情報を提供してくれた人，またその助言内容，情報などは，すべて自分の外部に存在し，これらを「外部資源」ということができる。そして小山は「自分を取り巻く環境の一部である親や友人にはたらきかけて，そこから必要な助言を引き出しているということを意味する。この現象は，ソーシャルワークで『人と環境との交互作用』とよんでいるものに相当する」[24]としている。

　相談援助は，「利用者とその取り巻く環境の交互作用のようすを把握した上で社会生活ニーズを抽出していく。そして，それらのニーズを充足すべく，これまで所有していなかった内的資源を獲得したり，十分に発揮できていなかった内的資源を強化していく。あるいは新たに社会資源提供者との間で交互作用を起こし，そこから社会資源を調達できるようにしていくことが介入の基本となる」[25]ことであり，利用者と環境との交互作用の把握によってその人の抱える社会生活上のニーズを抽出し，その充足に向けて，内的，外的な社会資源を活用できるように援助していくことである。

(2) 社会資源の種類，分類方法

　社会資源の種類，分類方法について白澤は，3つの分類軸を基準にして社会資源の構造を試みている。第一の基準としては，ニーズの視点からみた社会資源の分類である。白澤は，8つのニーズをもとに社会資源を整理している。

① 経済的な安定のニーズ
② 就労の機会を求めるニーズ
③ 身体的，精神的な健康を求めるニーズ
④ 教育・文化・娯楽の機会を求めるニーズ
⑤ 居住の場に対するニーズ
⑥ 家族や地域社会での個別的生活の維持に対するニーズ
⑦ 公正や安全を求めるニーズ
⑧ その他の社会生活上のニーズ

として，これらのニーズを充足するものとして社会資源を捉えることとして定義づけている[26]。

　第二の基準としては，供給主体による分類である。この基準では，フォーマルなものかインフォーマルなものかを基準に分類している。具体的には，「家族，親戚，友人，同僚，近隣，ボランティアなどのインフォーマル・セクターによるもの，および行政，法人などのフォーマル・セクターによるものとに分けることができる」[27]とされている。それを小坂田の図式化によると図6-4になる。

　左側にもっともフォーマルなセクターである行政機関が位置する，当然この行政機関からは，社会福祉関連法に基づく社会資源の提供が行われる。特に社会福祉六法を中心とした制度上にあるサービスの提供が行われる。具体的には，福祉事務所，児童相談所，身体障害者更生相談所，知的障害者更生相談所，婦人相談所等の福祉機関によって，制度化された専門職である社会福祉主事，児童福祉司，身体障害者福祉司等がサービス提供を担当する。そして認可を受けた民間団体，企業，ＮＰＯ法人団体等が，一部制度化された専門職である社会福祉士，精神保健福祉士，介護福祉士，保育士，訪問介護員等の専門職を中心として，それぞれの職員によってサービス提供を担当しているのである。

　右側に位置されるのが，インフォーマルな供給主体で，フォーマルな供給主体以外である家族，親戚，友人，同僚，近隣，ボランティアなどである。利用

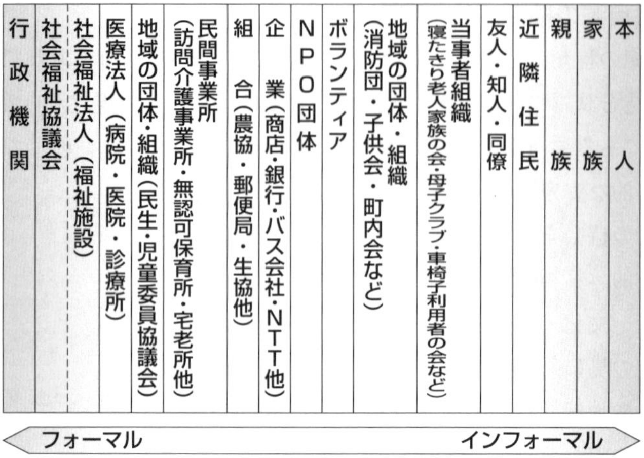

行政機関	社会福祉協議会	医療法人（病院・医療・診療所）	地域の団体・組織（民生・児童委員協議会）	民間事業所（訪問介護事業所・無認可保育所・宅老所他）	組合（農協・郵便局・生協他）	企業（商店・銀行・バス会社・NTT他）	NPO団体	ボランティア	地域の団体・組織（消防団・子供会・町内会など）	当事者組織（寝たきり老人家族の会・母子クラブ・車椅子利用者の会など）	友人・知人・同僚	近隣住民	親族	家族	本人

◁――― フォーマル　　　　　　　　　　　インフォーマル ―――▷

図6-4　地域福祉における社会資源の分類
（小坂田稔『社会資源と地域福祉システム』p.56, 明文書房, 2004）

者の私的な関係に基づいてつながっている非専門職である個人や団体組織等が提供者となって提供されるサービスを指す。概ねこの範疇で分類できるが，筆者としては，中間的な位置づけとして民生委員・児童委員をあげたい。民生委員・児童委員は，地域の住民であり，みずからの意志，主体性を重視するボランティアであるが，福祉事務所の協力機関として厚生労働大臣からの委嘱を受けて活動をしているサービス提供者として地域の社会資源として存在しているのである。このような理由から中間的な位置づけとして考えることができる。

　第三の社会資源の分類としては，質的な相違による社会資源である。これは，物的資源と人的資源とに分類される。物的な資源としては，金銭，物資，施設，設備等，人的資源には，知識，技能，愛情や善意，情報や地位等がある。

　社会生活上のニーズを分類するときなどに用いる「貨幣的ニーズ」は物的資源として分類されるが，より高次な金銭以外のニーズを「非貨幣的ニーズ」としている。この非貨幣的ニーズに対応するのは，物的資源もあれば，人的な資源の場合もあり，ニーズを充足するためには物的資源だけでなく，人的資源も同時に必要とする場合もあることを指摘している[28]。

　以上の3つの基準によって社会資源をみてきたが，その構造として白澤は，図6-5のように示している。具体的に考えてみると，利用者のニーズ，供給

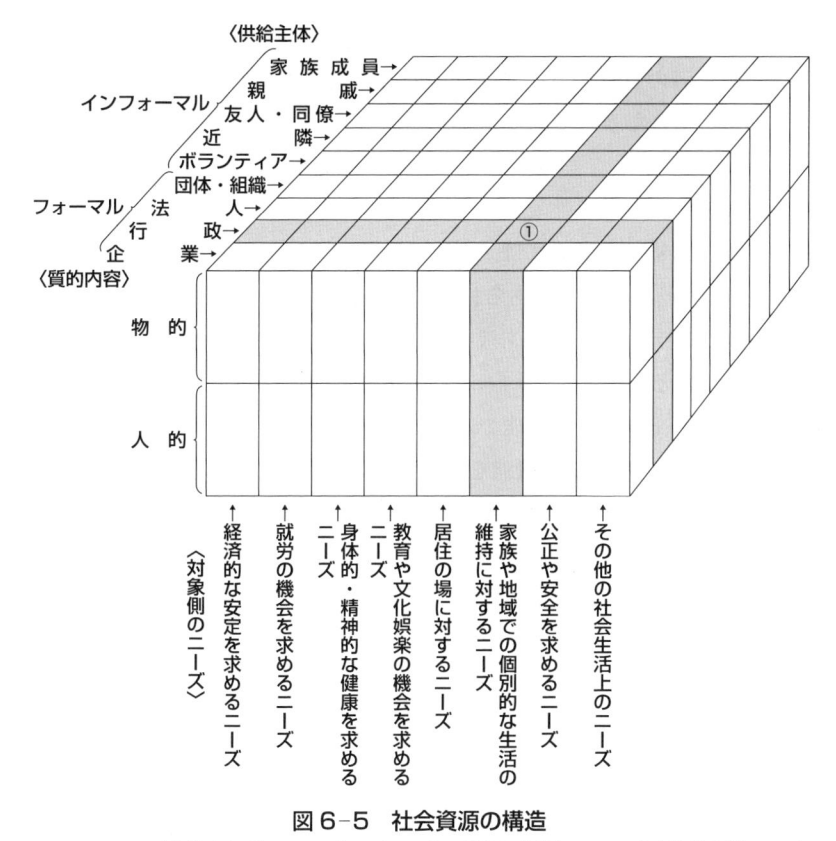

4. 社会資源の活用，調整，開発　　117

図6-5　社会資源の構造
(白澤政和『ケースマネージメントの理論と実際』p.119，中央法規出版，1992)

　主体，物的，人的資源等の分類軸上にそれぞれの社会資源の性質内容を示していることになる。たとえば，図6-5のように①について子ども家庭福祉の分野でみてみると「家族や地域での個別的な生活の維持に対するニーズ」に対応した物的な行政サービスとしては，こども手当や現物的な制度である保育所等が考えられる。また人的な資源として，保育士，保健師等による相談，保育等がその資源としてあげることができる。また供給主体別にみていくと，上記の資源が，家族，親戚，友人・同僚，近隣住民，ボランティア等から同様の場が提供されたり，人的資源として保育，相談等の手伝いや援助などが考えられる。そして，その提供されるサービスのどれを選択するかについては，そのサービ

スを利用者のニーズや課題等によって，またその利用者を取り巻く環境等の状況等から利用者の意志，自己決定等の内的資源によって社会資源が選択され，活用されることとなるのである。

(3) 社会資源の調整

　社会資源を調整する機能には，大きく分けて，2つの調整機能があると考えられる。1つは，社会資源である複数の関係機関等から提供される支援サービスの調整（コーディネーション機能）であり，2つ目は，利用者と社会資源との調整機能である。

　1つ目の社会資源の調整機能であるコーディネーション機能は，「ソーシャルワークにおける連絡・調整機能を指す。二者あるいはそれ以上の個人，機関，施設，団体などの間に対等の関係を作り，各々が最大限にその特性を発揮できるように調整・調和を図ること」を意味している[29]。すなわち利用者の抱える生活上のニーズを充足するためには，上記のような個人，機関，施設，団体等の複数の社会資源である関係機関から支援サービスを受けることがある，そのときの社会資源は，地域社会の中で点として存在し，それぞれにその役割・機能を担っている。その社会資源等を組み合わせて，チームとなって支援サービスを利用者に提供していくことになる。そのためにサービスを提供する機関や支援者が円滑なチームとなって，利用者に向かって，それぞれの支援者，機関のもつ専門性や特性を十分に発揮し，一つのチームとして機能するようにしなければならない。そのチームアプローチを円滑に行うための調整・調和を図る機能が不可欠となるのである。

　2つ目の利用者と社会資源との調整機能では，ワーカーが社会資源間の調整を図ったとしても社会資源をそのままで活用できるかというと，なかなか困難な状況となることがある。それは利用者のニーズに応じて，ある程度の社会資源の選択がなされるが，利用者の抱える生活上のニーズは，その個人と個人を取り巻く環境との調整を図ることが必要となってくる。言い換えると，その利用者一人一人に合わせて社会資源が用意されているのではなく，利用者にとって利用しやすいようにその社会資源と利用者のニーズとを調整していく機能が必要となってくるのである。逆に考えてみると，個人の抱えるニーズは，個人

と環境との交互作用の中で発生するのであって，個人の意向やニーズ自体もその環境との関係の中で，非常に多様である。このことからしても社会資源の側に利用者の意向やニーズについての理解が必要となり，また利用者には，社会資源の主旨，役割や具体的な使い方等についての情報を提供し，理解を深めてもらってからの利用が不可欠となる。したがって，利用者と社会資源との両側面から調整を図ることが必要となってくるのである。

(4) 社会資源の開発

　社会資源の活用，調整ができたとしても，利用者の抱えるニーズすべての充足に既存の社会資源のみでの対応することは，非常に困難となる。換言すると現在もなお社会資源は整備されてきてはいるが，すべての利用者のニーズを充足するまでには整備されていない。その原因を考えてみると，それは社会福祉の発展の経過によるところが大きいといえる。すなわち日本の社会福祉は，公的な制度に基づいた社会福祉施設を中心とした整備が進められてきたことに起因する。その社会福祉施設では，施設入所することによって利用者のニーズを万能的，包括的に入所者のニーズの多くに対応し，また社会資源の整備が，公的な制度を根拠としたものを中心として整備されてきたために整備が遅れてきていることが指摘できる。

　そのために利用者の抱えるニーズへの対応として，社会資源を開発していくことが必要となり，先駆的，主体的なボランティア活動，地域住民による支援活動等のインフォーマルな社会資源を中心に開発され，組織化されてきている。そのいくつかが公的な法制度の根拠をもったNPO・NGO団体等になってきているといえる。

　では具体的に社会資源をどのように開発していくかについて考えると，①は既存の社会資源の再資源化。②新規の社会資源開発がある。①の社会資源の再資源化は，「資源としてはすでにあるけれども，今現在ソーシャルワーカーが援助しようとしているクライエントに対しては援助対象に含めていないものに対してはたらきかけ，クライエントが援助を受けられるようにしていくことが通常のサービス提供の範囲を超えた対応を求めていくことを意味する」[30]として既存の社会資源の特性，専門性に基づいた支援サービスの枠組みを越えた対応を社会資源に求めて実践することで，利用者が援助を受けることができるよ

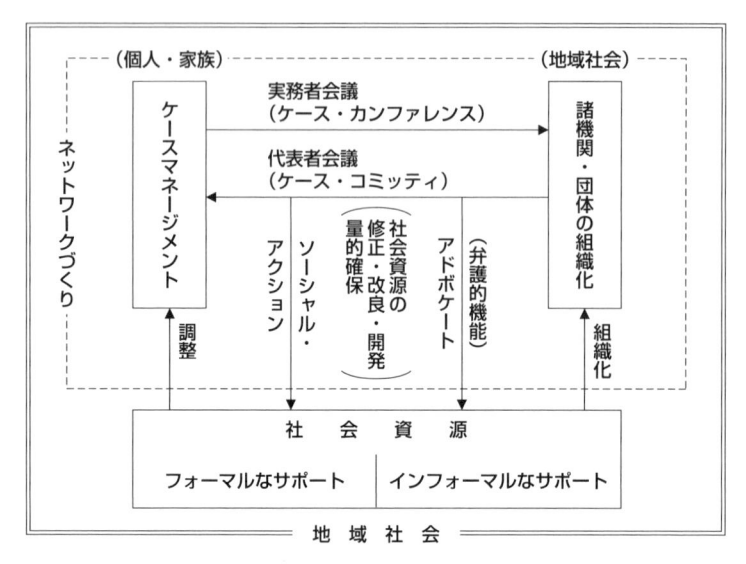

図6-6 ネットワークづくりの内容
(白澤政和『ケースマネージメントの理論と実際』p.227, 中央法規出版, 1992)

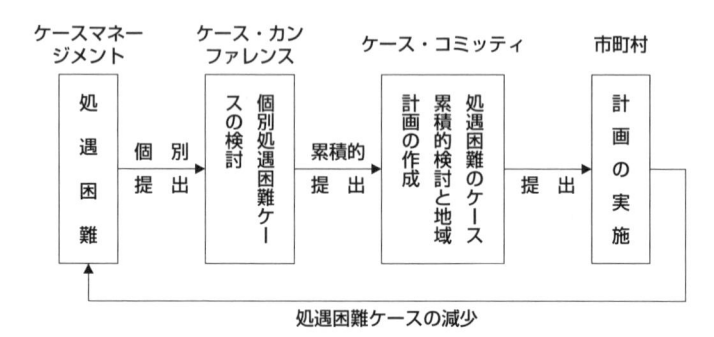

図6-7 実践から政策を導き出す過程（社会資源開発の過程）
(白澤政和『ケースマネージメントの理論と実際』p.229, 中央法規出版, 1992)

うにしていくことであるといえる。しかしながら，このことは支援者や関係機関において，既存の支援サービスの提供だけでも，ただでさえ多忙をきわめている現状であり，また公的な制度を中心に援助がなされている中，その枠組みを越えてサービスを提供していくことは，困難なことである。利用者が生活上に抱えるニーズはますます拡大化，高度化，普遍化していきている状況下では，

「まず一歩互いに踏み出していく」ことが実践されなければ，利用者のニーズの充足は困難となる。そのためにはまず，既存の社会資源の再資源化がなされていくことが不可欠であると考える。

②として新社会資源の開発であるが，再資源化することもできない支援することが困難な事例から，不足する社会資源を見出していくところから始まる。白澤は，図6-6をもとにして，地域でのネットワークづくりをして組織化した上に，図6-7のように，「実践の中から政策を導き出す過程」をあげている。

フォーマルに政策化し計画的に対応ができることによって，新しい社会資源開発がなされていくことになる。このことは組織化されたフォーマルなサービスをめざしていることが望ましいことはいうまでもないであろう。しかしながら，今現在においての利用者のニーズでの対応として，先駆的な活動が可能であるインフォーマルなボランティア活動，地域住民等の支援活動等を開発していくことも重要であると考える。

演習 10

社会資源について理解をより深めるために，以下のワークをグループで考えてみよう。
1) 社会資源の調査
   社会資源となるものはなにかについて次頁のマトリックス表を埋めてみよう。
   ※できるだけ具体的な場面を考えて書き出しみること。
2) より具体的に地域を設定した社会資源調査
   地域の設定
   ・ランダムに選んだ3ケタの数字をまず決める。
     これは，郵便番号の最初の3ケタで，その市町村を調べてみる。
   ・地域の状況について調べてみよう。
     たとえば
     ・どんな所か　・人口は　・産業は　・産物は
     ・1)で書いてみた物的・人的，フォーマル・インフォーマルな社会資源を調べてみよう（たとえばタウンページ，その市町村のホームページを活用する）。

マトリックス表（社会資源の平面図）

供給主体＼ニーズ	家族成員	親戚	友人・同僚	近隣	ボランティア	民生委員・児童委員	団体・組織	法人	企業	行政
経済的な安定を求めるニーズ										
就労の機会を求めるニーズ										
身体的・精神的な健康を求めるニーズ										
教育や文化娯楽の機会を求めるニーズ										
居住の場に対するニーズ										
家族や地域での個別的な生活の維持に対するニーズ										
公正や安全を求めるニーズ										
その他の社会生活上のニーズ										

（白澤政和『ケースマネージメントの理論と実際』p.115，中央法規出版，1992を著者が一部修正）

■引用文献

1) 厚生労働省編『保育所保育指針解説書』pp.133-134，フレーベル館，2009
2) 新村出編『広辞苑第6版』p.855，岩波書店，2008
3) 前掲書1)，pp.124-125
4) 前掲書2)，p.760
5) 前掲書2)，p.2393
6) 倉橋惣三著，津守真・森上史朗編『倉橋惣三文庫⑤幼稚園雑草（上）』pp.187-188，フレーベル館，2008
7) 前掲書6)，pp.191-192
8) 前掲書1)，pp.187-188
9) 社会福祉士養成講座編集委員会編『新・社会福祉士養成講座⑦　相談援助の理論と方法Ⅰ第2版』p.250，中央法規出版，2010
10) 岩間文雄編著『ソーシャルワーク記録の研究と実際』p.2，相川書房，2006
11) N・ティムズ（久保紘章・佐藤豊道・佐藤あや子共訳）『ソーシャルワークの記録』pp.42-43，相川書房，1989
12) 前掲書11)，pp.43-45
13) 前掲書1)，p.191
14) 對馬節子「相談援助のための記録の技術」，社会福祉士養成講座編集委員会編『新・社会福祉士養成講座7　相談援助の理論と方法Ⅰ第2版』pp.264-277，中央法規出版，2010
15) 佐藤直子「第7章記録」，柳澤孝主・坂野憲司編『相談援助の理論と方法Ⅱ―ソーシャルワーク』pp.111-112，弘文堂，2009
16) 前掲書9)，pp.240-241
17) 国際ソーシャルワーカー連盟（IFSW）・国際ソーシャルワーカー学校連盟（IASSW）『ソーシャルワークの定義　ソーシャルワークの倫理：原理についての表明　ソーシャルワークの教育・養成に関する世界基準』pp.13-18，相川書房，2009
18) 厚生労働省雇用均等・児童家庭局「児童相談所運営指針について」p.4，2010
19) 厚生労働省雇用均等・児童家庭局「市町村児童家庭相談援助指針について」p.58，2005
20) 前掲19)，p.60
21) 平成22年度統計資料（熊本県）
http://www.pref.kumamoto.jp/uploaded/attachment/41941.pdf（2011.3.24）
22) 狭間香代子「社会資源」，『現代社会福祉辞典』p.189，有斐閣，2003

23) 小山隆「相談援助における社会資源,ネットワーキング」,「社会福祉学習双書」編集委員会編『社会福祉学双書第10巻　社会福祉援助技術論Ⅱ』p.232, 全国社会福祉協議会, 2009
24) 小山隆, 前掲書23), p.233
25) 小山隆, 前掲書23), p.235
26) 白澤政和『ケースマネージメントの理論と実際』p.114, 中央法規出版, 1992
27) 狭間香代子, 前掲書22), p.189
28) 白澤政和, 前掲書26), p.118
29) 筒井孝子「コーディネーション」,『現代福祉学レキシコン 第2版』p.185, 雄山閣出版, 1998
30) 福富昌城「相談援助における社会資源の活用・調整・開発」, 社会福祉士養成講座編集委員会編『新・社会福祉士養成講座第8巻　相談援助の理論と方法Ⅱ』p.109, 中央法規出版, 2009

■参 考 文 献

保育福祉小六法編集委員会編『保育福祉小六法』2010年版, みらい, 2010
山縣文治「わが国の児童福祉に関する制度と福祉機関・施設」, 山野則子・金子恵美編著『児童福祉』, ミネルヴァ書房, 2008
内山元夫・岡本幹彦・神戸賢次編『福祉施設実習ハンドブック』みらい, 2007

第7章
事例研究

1．保育所における親支援・家族支援

　「子どもが大好きだから」「子どもがかわいいから」保育所の先生になろう，幼稚園の先生になりたいと養成校に進学した皆さんは，「子ども虐待」の被害者の多くが乳幼児であり，「実母」あるいは「実父」によって行われていることを知っているだろうか。まわりの大人によって，いのちとその人権がもっとも守られなければならない乳幼児たちが，実の親に虐待を受け，いのちを奪われている現実をどう捉えていくべきであろうか。

　この章においては「子ども虐待」が，単純にその保護者と子どもの関係の問題ではなく，社会問題と深く結びついていることに目を向けてぜひ深く考察し学んでほしい。

　そして，社会福祉の一分野である保育所が，保育所に入所している子どもの保育と養護だけではなく，子育ての専門的な経験と知識を蓄積した機関として「地域の子育て支援の役割」を求められていることについて事例をもとに考えてみよう。

(1)「子育て」を取り巻く社会環境の変化について
1) 家族・地域社会の変化

　地方・都会を問わず，「夫婦と子ども」の核家族世帯が増え，「ひとり親と子ども」世帯も年々増加傾向にある。結婚や出産後も働き続ける女性が多くなり，共働き世帯が増えて「保育ニーズ」はますます高く，多様化傾向にある。

　一方で，子どもの成長や子育てを包み込んできた地域社会は，人々の意識の

変容とも相まって人間関係が希薄となり，町内会や自治会，子ども会などの活動が衰退し，子育ての経験を伝え合ったり，お互いに協力し合って子育てをするような場も少なくなってきている。

こうした中で子育ての不安や悩みを抱える親たちは，いきおいマスコミや育児雑誌の情報に頼らざるを得ず，その一方的な情報に振り回されてますます子育ての悩みを深め，解決への糸口を見出せなくなってきている。

2）子育てをめぐる生活問題の特徴

家族や地域社会の変化に対応して，次世代を育成するために必要な施策が社会全体として，また地域社会で十分に整えられなかった結果，家庭環境や子どもの育ちにどんな影響を及ぼしているだろうか。

① 母親の就労と子育ての両立の困難

核家族化の中で，家事・育児の主な担い手である乳幼児を抱えた母親たちの育児や教育に対するストレスや負担感は大きい。長時間労働，パート労働の母親が，出産後に就労を望んでも，既存の保育所は待機児童問題等を抱えており，いつでもどこでも保育所に入所できることはほとんど期待できない。他方，労働環境が年々厳しくなっている父親は，家事や育児に参加できる余裕はない。地域の支援も得られない状況の中での母親の孤独な子育ては，子ども虐待など深刻な問題をはらんでいる。

② ひとり親家庭における生活問題

離婚などによって，ひとり親家庭になることも子どもの養育困難をもたらす。
母子家庭においても，父子家庭においても家族の変容がもたらす影響は大きく，経済的な面，住居の確保問題，日常生活でのくらしそのものが成り立たなくなることなど深刻な問題に直面する。

③ 少子化問題

女性の婚姻・出産年齢が高齢化し，産まないこと，産んでも一人の子どもを大切に育てることを選択する女性が増えている。しかし一方では，経済的な問題が解決できれば，また，子育てや教育への不安感がなければ子どもをほしいという女性も少なくはない。少子化の問題は，個人の選択の是非を云々する問題ではなく，子どもを産み育てるだけの雇用や労働環境などの社会的諸条件が整えられていないことこそ問題であろう[1]。

④ 子ども虐待

　子ども虐待が，主に「実母」「実父」の行為・言葉によって子どもの心身に直接の被害がもたらされ，時にはいのちにかかわる深刻な事件となっている。

　2010年6月厚生労働省の社会保障審議会児童部会の「児童虐待等要保護事例の検証に関する専門委員会第6次報告」によると，虐待によって死亡した子ども（0歳〜18歳まで）の事例は（2008年4月から2009年3月まで）心中を除いて67人である。そのうち乳幼児が60人と約90％を占め，なかでも3歳未満児は47人と80％近くを占めている。

　また，子どもへの虐待を行った主たる加害者は死亡した子ども67人中，実父・実母が合わせると46人となり，68.7％にものぼる。集計結果の考察によると，養育環境がひとり親や内縁関係も多く，経済的困難を抱える家庭の割合が高いことが報告されている[2]。

（2）保育所における親支援・家族支援の実際

　家庭や地域社会において，子育てを支援するネットワークが崩れ，乳幼児を育てる親たちの間に育児不安が増大し，にもかかわらず「公園デビュー」[*1]という言葉に象徴されるように，子育て中の親同士が仲間になれないという問題が社会問題化したのが1990年代である。家庭と地域の教育力の低下が問題となった高度経済成長期の時代に，うまく育てられなかった子どもたちが「新人類」と呼ばれる新しいタイプの大人になって「子育て」することになった年代である。

1）子育て支援の施策の変遷

　子育てを社会全体で支援するための政府の施策は1994年のエンゼルプラン「今後の子育て支援のための施策の基本的方向について」「緊急保育対策等5か年事業」に始まり，児童福祉法改正（1997），新エンゼルプラン「重点的に推進すべき少子化対策の具体的実施計画について」（1999），「子育て支援ネットワーク事業」（2000，文部省），児童虐待の防止等に関する法律…保育所等の早

＊1　公園デビュー：公園に集まる子育て中の親たちの集団に新たに加わる際の母親の心境をデビューになぞらえた。

期発見・通告義務強化（2000），「幼児教育の充実に向けて」（2001），「少子化対策プラスワン」（2002），児童福祉法改正…市町村における子育て支援事業の実施12項目（2003），「次世代育成支援対策推進法」（2003）等々矢継ぎばやに展開されたが，経済・財政政策が基本的に支出の削減や「小さな政府」をめざしていた政策レベルでは，地方自治体の施策のプランも積極的に対策を打ち出すものにはならなかった。

　しかし，現場では財政的な保障がない状況の中でも「子育て支援」の具体化は進み，保育所・幼稚園・地域子育て支援センターなどを中心に地道な活動が展開され，子育ての大変さや喜びを分かち合える仲間づくりが進み，経験が蓄積されている[3]。

2）保育所における親支援・家族支援の実際

　学校はもとより，乳幼児施設である保育所においても，「荒れる子」「切れる子」「ちょっと気になる子」が保育者を悩ませていることが話題になっている。月齢も高く，口が達者で理解力もあるのに，気に入らないと物を投げ友だちを押し倒しトラブルが絶えない。さんざん友だちをやっつけたあと，保育者にはべったりとしがみついて甘える3歳児。片付けが始まったのに知らないふりをして，友だちが片付けたおもちゃをわざと散らかしてしまう，給食当番もしないで遊ぶなど，勝手気ままでクラスの生活を乱す行動が目立つ5歳児など，自己コントロールする力が弱く情緒の安定しない子どもたちが多くなっている。こうした子どもたちがクラスに1人，2人の場合は，手だてを講じて夏過ぎには安定したクラスになって解決をみることもあるのだが，4人，5人となると年中落ち着かずそのまま進級して，次年度も保育者を悩ませるクラスになってしまうことがある。

　子どもたちの気になる行動や，その内容には家庭での養育の不適切さや，子ども自身の発達的な問題があるなどいくつかの要因があるのだが，現場で特別な配慮が必要な子どもたちに出会うと，子どもと家族のマイナス面ばかりに目がいってしまって，当面の解決ばかりに気を取られることになりがちである。そして結果的には状況は改善されるどころか，ますます悪化して子どもも家族も，そして保育者も大きなストレスを抱え込むことになってしまう。

　また一方では，保育所に子どもを託している保護者のニーズも年々多様にな

り，保護者との関係づくりに悩む保育者も多くなっている。

いくつかの事例をもとに保育のあり方，保育所としての親支援・家族支援がどうあればいいのか考えてみよう[4]。

事例7-1　アレルギー体質のS君（1歳児）の場合
本人および家族の紹介
本人S男（1歳児クラス）：0歳の時からアトピーの体質で湿疹があり，保育所給食においても卵抜きの特別食を食べている。母親が気にしているほど湿疹が出ることもなく，発達的にも問題はない。

母親（29歳）：赤ちゃんの時の，S男のアトピー性の湿疹がずっと気がかりだったのであろう，S男の肌が少しでも荒れてくると「手が荒れてきました」「かゆがって眠りません」など連絡ノートにもアトピーに関する記述が多い。神経質で人とかかわることは苦手なタイプである。

父親（30歳）：仕事が忙しくS男のことは母親任せであるが，家庭では母親の悩みもよく聞いて子育てを共にしよういう姿勢はある。

事例の概要
　S男のアトピーに対する母親の，神経質ともいえる対応に保育担当者は少し気持ちのズレを感じていたが，母親の要求に丁寧に応じて卵抜きの特別食を用意し，日々連絡ノートに記述される悩みにもその都度対応していた。しかし，担当保育者が休みのときに，連絡不十分で除去していない食事をS男に食べさせてしまうということがあった。不信感が払拭されない母親から，「夜にゆるい便が出たが，給食の食材のつなぎに卵が入っていなかったかどうか」などについて細かい説明を求められるといったこともあり，なかなか信頼関係を築くことができなかった。

事例の経過と援助過程
◇　給食室との連携
　給食経費との関係もあって，使用することの多い卵の除去は給食室にとっては大変なことである。特に，誕生会やクリスマス会などの行事食は卵を使うことも多く，母親も神経をとがらせていた。しかし，子どもたちにとってはとても楽しみな行事食である。給食室は，給食も行事食もできるだけ見た目がみんなと同じ除去食を工夫してつくることを心がけていた。

　行事食のあるときは，S男の母親の気持ちを配慮して，給食室を交えて事前に必ず話し合いをもっていた。メニューを見た母親の同意を得て，みんなと同じ食事ができた日はことのほかうれしいS男であった。

クリスマス会の頃，アレルギーの検査結果が出て卵に関する数値がマイナスとなったが，母親の気持ちは体調や他の食べ物との関係もあるので即，卵をOKにはしたくないとのことであった。しかしつなぎ程度ならいいこととなり，給食室も一息をついた。

◇ 3月，ちょっとした言葉の行き違いから
　お別れ会でケーキを食べた日，母親に出会った給食担当者が「ケーキを食べてどうでしたか？」と尋ねると，そのときは「いつもすみません」という反応であったが「（アレルギー検査の）診断書を持ってきてくださいね」といった途端に突然感情的になって，「診断書を持ってくればきちんとしてくれるんですか？」「間違いだってあるし，薬だってつけてもらっているかどうかわからない！」と泣きながら訴えだしたということがあった。
　担当保育者は，4月からは新卒の保育者が持ち上がることになっていたので，3月も半ばを過ぎていたが新学期までには誤解を解いておきたいと考えた。数日後母親に出会ったので保育者が，「先日は本当にごめんなさい」「一度話し合いの機会をつくっていただきたいのですが」とお願いをすると，時間が少したっていたこともあり「いいですよ」との返事をもらうことができた。

◇ 職員会議での話し合い
　この間，職員会議でアレルギー児への対応について話し合いがもたれ，対応の誤りがあったことを反省し次のような改善策が立てられた。
① アレルギー児の食事は別のトレーに入れて，一目でわかるようにする。
② アレルギーをもつ子どもの保護者と，担任，給食室，園長を交えて話し合い「勉強会」を定期的にもつようにする。

◇ 本音のところで
　職員会議での対応策を伝えた。しかし母親は「そういうことではないんです。人間だから誰だって間違いはあります。そんなことをいっているんじゃないんです。それはやらないよりやってもらった方がいいですけど」といい口を閉ざしてしまった。代わりに父親から，入所当初，母親が保育者にS男のアトピーのことを話したときの保育者の対応について，「大丈夫，大丈夫，大きくなればみんな治るんだから」と言われたことが，母親にとってはわが子のアトピーが大きな悩みであったのにまるで人ごとのように言われたと，強くわだかまりとして残っていることが伝えられた。
　この本音を出せた話し合いのあと，やっと保護者の気持ちがやわらぎ保育所に対する信頼関係が深まった。
　新年度になって，母親はクラスの役員を引き受けて保育所の行事にも積極的に協

力してくれるようになった。

　保育者の何気ない言葉が，保護者の気持ちを傷つけ，のちのちまで大きなわだかまりとなっていることがある。ことにわが子が発達的な弱さをもっていたり，気がかりな症状を抱えているときはなおさらである。保護者にとっての保育所は，保育の専門家の集まりである。しかも「子どもを人質に取られているようなものだから，面と向かって本音を言える関係をつくることは難しい」と考えている保護者も多いことを忘れてはならない事例である。
　入所間もない頃に，おそらく保育者からすれば保護者に安心してもらいたいと思って軽く言った言葉が，どれほど保護者の心のわだかまりとなっていたことであろうか。多くの子どもたちの症例をみている保育者にとって，S男のアトピーは母親が気にしているほどは気になる症状ではなかったのであろう。「そんなに神経質にならなくても…」と思う保育者の気持ちが，その後のアレルギーへの対応についての話し合いにおいても，不用意な言葉となって神経質な母親の気持ちを逆なでしていることもあったのではないだろうか。
　そのことに気がついた保育所側が，アレルギー児への対応のまずさを反省し，親の多様な生き方や価値観を尊重する立場に立った話し合いの場を提供できたとき，はじめて保護者の本音が聞けたのである。子どもたちの個性がみんな違うように，保護者一人ひとりの個性も価値観もみんな違うことを認めた上で，保護者の気持ちになって職員会として受け止める姿勢を伝えたら，いとも簡単に解決の道が開けた事例でもある。保護者の要求は多様ではあるが，自分の子どもが「いい子どもに育ってほしい」という願いをみんなもっていることを確信にしたい。「子育て」はきわめて人間的な営みであり，保護者の本音に依拠して，保護者と共につくりあげていくのが保育の仕事である[5]。

事例7-2　悪のウルトラマンに変身したU君（2歳児）

本人および家族の紹介
本人U児（2歳児クラス）：クラスでは月齢も高く，体も大きくリーダー的な存在。
　　遊びもダイナミックでクラスの人気者だが，普段はやさしいU児の機嫌が悪くなると一転してとても粗暴となり，子どもたちにとっても怖い存在となる。

父親：中華料理店の経営をしている。以前は店も午後9時には閉めて，保育所の帰りに寄る母子と共に夕食を店で食べて，親子3人一緒に帰宅していたが不況のあおりで店の閉店を午後11時に延長し，U児とのかかわりがもてなくなった。

母親：会社の営業所で所長をしている。保育所の延長保育ギリギリまでU児を託し，U児と共に先に帰って家に帰り着くのが午後9時頃になる。帰宅後，それまでは父の仕事であったU児の世話は一挙に母親にうつり，家事と育児のだんどりがうまくできないことに焦っている。

事例の概要

　秋になって，U児が3歳半を過ぎた頃，突然頭の上から足の先までウルトラマングッズに身を包みウルトラマン・ダイナに変身して登園した。姿のみならず，自分の思い通りにならないと，すぐにパンチとキックを連発し友だちを泣かすようになり，保育者がいくら注意しても手足が先に出てしまうようになった。

　1月に入ってますますU児はウルトラマンになりきるようになった。まわりの子どもたちのある子どもはU児を怖がり，ある子どもはU児にすり寄って自分のものをすぐにあげ，ある子どもはU児を避けて遊ぶというふうになり，U児をめぐっての友だち関係はいいものではなくなった。

　遊びの名人であったU児なのに，途中ですぐに遊びを投げ出し，友だちが楽しそうにしている遊びの中に割りいってわざと遊具をひっくり返したりと「荒れ」が目立ちはじめた。その上，U児にすぐに玩具などを渡していたK児やT児たちは，U児をまねて友だちの遊んでいる遊具をわざとひっくり返しにいくようになった。ちょうどクラスの中では，お家ごっこやお母さんごっこがはやり始め，テーブルの上にたくさんの遊具を並べて遊んでいる女の子たちは，毎日のように「Uちゃんしはった！Kちゃんがしはった！」と泣いて訴えてくることが多くなった。

　U児の大人を見る目もいびつになり，保育者に注意を受けるとU児は「U君してへんもん！」と嘘をついたり，遊びに引き入れようとすると「U君せえへんもん」と知らん顔をするようになった。クラスの子どもたちと一緒に「正義の味方！ウルトラマンU君」といった遊びも試みるが，遊び終えるともとのU児になってしまい，保育者の悩みのたねとなっていった。家でも母親に反抗的になり困らせていた。

事例の経過と援助過程

◇ U児の就寝時間がどんどん遅くなる

　U児がウルトラマンに変身しだした秋頃から，保育者は保育日誌の家庭からの「連絡欄」の就寝時間がだんだん遅くなっていることに気がついていた。それまでは10時30分頃だった就寝時間が，11時となり，冬頃には12時を過ぎるようになった。保育者は，もっと早く寝かせてもらうように母親と話し合うがなかなか改善がみら

れなかった。

◇ **クラス懇談会での学習と話し合い**
　U児のキックやパンチがますますひどくなり，クラスの保護者たちの気持ちもさまざまなかたちで伝わってくるようになったので，保育者たちはクラス懇談会で取り上げることにする。懇談会の内容は，U児のことを直接取り上げるのではなく「正しい生活リズムの大切さ」についての学習会を中心に，各家庭での子どもたちの様子を出し合うことにした。当日は，U児の母親から考えていたより率直に家庭の様子や，悩んでいることについての話が出てきた。

◇ **U児の家庭の事情がクラス懇談会の席で語られる**
　U児の父親の帰宅が遅くなって，母子二人の帰宅後の生活は一変した。それまでも決してスムーズとはいえなかったが，父と母による家事と育児の分担があってなんとか成り立っていた生活が，店で夕食を食べて母子二人で帰り着くのが9時頃になるとたちまち混乱しはじめた。入浴，洗濯物の取り入れをするだけでもたちまち10時を過ぎる生活となった。父親と過ごしていた時間が好きだったU児にとって，仕事でくたびれている母親との追い立てられる生活はつらい。早く寝かせようとイライラする母親にU児は寝るのを拒み，それどころか父の帰りを待つためにウルトラマンのビデオに熱中しはじめた。無理に寝かせようとすると大暴れするU児に母親は疲れ果て，U児がビデオに集中してくれているほうが家事もできるし，ほっと一息もつけるのでそれに負けてしまった。しかし11時過ぎに父親が帰宅。疲れて帰った父親は「いつまでビデオを見せているのか」と怒り出し，毎日が夫婦げんかになっているという。

　母親の話で，保育者たちも他の保護者たちもU児の荒れている事情が納得できた。睡眠不足と，U児のことで起きる毎日の両親のけんか。悪いウルトラマンになりきらずにはいられないU児の気持ち，保育所での不機嫌やパンチ，キックも理解できた。

◇ **U児の母親の話から出てきた他の保護者の本音**
　U児の母親の話をきっかけに，クラスの保護者たちから「うちもいっしょよ！」と本音が語られ出した。兄妹がいる家庭の二人の母親は，父親の帰りが夜半になるため母親はクタクタ，やはり夜遅くまでいろいろなビデオを見せているといい，また別の母親は，疲れ果てて子どもより先に自分が寝てしまうという。結局，子どもたちを午後10時までに寝かせられている家庭は，21家族中7家族であることがわかった。

　懇談会で語られた保護者の本音から保育者は，朝からゴロゴロするK児，あくびばかりのA児，すぐにカッとなって友だちの物に手を出してけんかになるR児，しっかり者なのに朝の別れができずいつまでもごねているM児たちの理由の一端をつか

むことができた。

◇ U児，正義の味方，ウルトラマンに再び変身

クラス懇談会後，急に生活リズムが改善されたわけではないが，U児の母親は努力しているようであった。2月に入って節分の日，5匹の鬼がやってきた。U児は，中でも一番大きなU児の父親扮する赤鬼に出会い，震え上がった。そのことを知った母親が「そろそろ赤鬼さんの来る時間やな」というと自分でビデオを消して布団に入るようになり10時には寝るようになったという報告が母親からあった。

睡眠がしっかりとれるようになったU児は，顔色も良くなり，朝の父との別れ際もごねなくなった。相変わらずウルトラマングッズでの登園だがパンチやキックはめったになくなり，再び遊び名人の心優しい正義の味方ウルトラマンU児に変身した。

　保育所の保護者たちの生活は，時間との戦いであるといってもいいぐらい忙しい。もちろん母親が非常勤雇用であったり，他の生活問題を抱えていても時間には余裕がある家庭もあるが，事例の保育所は朝7時半から夕方7時半までの延長保育があり，ほとんどの子どもたちが延長保育を受けているところである。保護者の就労状況は年々厳しくなり，子どもたちの生活はもろにそのあおりを受けて，さまざまな影響がでてきている。

　2歳児は，気持ちを言葉でしっかり伝えることはできないが，嫌なことや辛いことを我慢することはむずかしい。気持ちが行動にすぐ表れるのがまだ救いである年齢でもある。忙しい，朝な夕なの保育所の送迎の中では，保護者の生活や本音はなかなか見えてこない。子どもの行動に表れる問題を素早くキャッチして，子どもの訴えている願いをしっかり受け止めることが大切であることを学びたい。

　保育者の「子どものためにこうしてください」という保護者への要求は，正論であることが多いゆえに保護者は本音を出しにくいのである。早寝早起きが大切だとわかっていても，実際の生活はどうやっても改善できそうにもなく，U児の母親は途方に暮れて，生活そのものを投げ出したくなっていたであろう。そんなとき，保育者からの正論ではなく，保護者同士の話し合いのなかから出てきた本音がどれほど母親の気持ちを支えることになっただろうか。わかっていてもできていない保護者の意見にも，わかっているから努力と工夫をしてい

る保護者の意見にも励まされて，U児の母親と父親がなんとかしたいときっかけをつくった結果が功を奏したのである。3歳児クラスへの進級を前にU児は，赤鬼の登場がなくても「3歳クラスになったら毎月遠足があるし，もうすぐ4歳のお誕生日が来るから早く寝ないと」という母親の説得で自分から布団に入れるようになっていったということである。

　一人の子どもの問題を，クラスの保護者みんなに投げかけて共に話し合うことが，保護者の本音を語れるきっかけになり，結果的にはクラスの子どもたちみんなのことを考える糸口になっていった事例である。保育者に対して保護者が，なんでも話せるという信頼を寄せていないとこうした話し合いはもてない。保育者たちがU児やK児やA児たちも含めて，クラスの子どもたちのかかわりをしっかりつかんで，日々の保育日誌や送迎のやりとりにおいて，また保育懇談会などの話し合いで，保護者たちに知らせていくという地道な積み重ねが，保育への信頼を高めていくのである[6]。

事例7-3　虐待の連鎖におびえた母と兄妹たち

本人および家族の紹介
本人T（5歳児クラス）：1歳で転園してきた頃は，人に体を触られるのを嫌がり一時は障がいが潜在しているのではと心配されたが，言語，行動ともややゆっくりではあるが順調に発達し，年長クラスに進級する。その頃から乱暴な言動や行動が多くなり，クラスでも気になる子どもの一人であった。

妹Y（2歳児クラス）：月曜日になると寡黙になるYちゃんと言われていた。ある日，午睡時にパジャマの着替えを手伝っていた保育者が，両足の太ももからお尻にかけて何か細い棒で何度も強くたたいたようなみみず腫れを数十か所みつける。家庭内虐待にはじめて気がついた出来事であった。

兄（長男）：母親の前夫の子どもということで，父親からTとYよりひどい虐待を受けていた。

父親：幼年期から思春期にかけて親からの虐待を受けて育ち，自分の子どもに対しても有無をいわせない虐待を繰り返していた。

母親：子どもたちが父親から受ける暴力，自分が子どもを助けられない非力から逃れるようにアルコール依存症となっていた。

事例の概要
　Yの体の虐待の傷跡に気がついた保育所は，その日の夕方に園長，担当保育者に

よる母親面談を行った。間違いなく大人による外的傷跡であり、どうやってできた傷なのかと問う保育者たちに、母親は思いの外にあっけらかんと「あー、あの傷ね、父に昨夜おしっこ漏らししたもんで、叱られたんだわ」と言い、「父に聞いたら『布団叩きの柄でぶった』自分の手で叩くと手が痛くなるからだって、あきれちゃうよね、だって先生、布団叩きの柄が折れちゃったんだから、きっとひどくぶったと思うよ」と淡々と話す母親であった。あまりのことに園長は強い口調で、しつけの行為を超えて明らかに児童虐待であり、子どものいのちにかかわることにもなりかねないこと、このまま父の暴力行為を見逃すと母親も同罪になることを告げると、涙ぐんだ母親から、やっとYだけでなく、Tを保育して5年目にしてはじめて今まで耳にしたことのなかった虐待の事実が語られはじめた。

◇ 父親におびえる家庭生活

母親から、TにもYにも小さい頃から父親の子どもたちへの虐待があり、とくに前夫の子どもである長男にはひどくあたること、父親の勤務が夜勤になってからは「静かにさせろ」「玩具を出すな」「こっちを向いて食べるな」とテレビを子どもたちが横目で見てもキレる父親の姿が告白された。言葉も出せない窮屈な生活を強いられ、父の暴力や言動に怯える子どもたちの姿を想像するだけで、保育者たちは愕然とし「どうして、もっと早くに知らせて助けを求めなかったのか」という言葉しか出なかったのであったが、母親は「父には話さないで絶対に。父には内緒にお願いします」と懇願するばかりであった。

◇ 家庭訪問から見えてきたこと

虐待の事実が発見された日に、役所や児童相談所に報告がされ、相談所の担当者がすぐに保育所訪問をしてくれ、家庭訪問も繰り返して行われた。園長と担当保育者の家庭訪問でさらなる事実が見えてきた。

通された居間のテーブルが傷だらけになっていた。母親から、頭にきてキレた父親が包丁で切りつけた傷跡であること、TやYが悪いことをしたときもその包丁を持ち出して脅すこと、壁も穴があき茶だんすのガラスも割れてしまったので外してあることなどが話された。母親の口からはお酒のにおいがし、アルコール依存状態になっていることもわかってきた。父親の家庭内暴力があたりまえの家族の営みを奪い人間の感情を破壊しようとしていた。

◇ TとYの荒れ

母親が夜の宅配の仕事にでかけ、夜、父親が子どもたちの世話をするようになってからTはクラスの友だちに乱暴をするようになった。担当の保育者にも、けがをするのではと思えるような勢いでキックやパンチで体当たりをし、制止しようとすると「このブタ野郎、ババアー、オメエなんか関係ないんだ、こんなとこ、ぶっ壊

してやる」と暴れてカラーボックスを壊し，展示物を落とすTであった。またYも同じ時期に荒れ始め，突然友だちを押し倒したりしてクラスで被害に遭う子どもたちが多くなりだした。

日々行動がエスカレートしていくTであったが，ある日の午睡前に友だちにちょっかいを出し注意を受けたことがきっかけとなり，担当保育者に体当たりしはじめた。後を引き受けた園長にもつねる，蹴飛ばす，パンチ，キック，体当たりとありとあらゆる手段で抵抗するTであった。こわばった表情から，父親によってもたらされる暴力行為によって心は荒廃し，大人への信頼感を失っているTの悲しみや辛さが伝わって保育者たちも悲しかった。

◇ 父親との面談

Tの荒れた状況を父親にも見てもらおうと，急きょ面談をする。駆けつけた父親は，保育室に入るなり「何やってんのよ，オメエはー」と園長が抱えていたTの頭を足蹴りにしようとした。目がつり上がり，興奮状態の父親に向かって「父親の暴力がTの気持ちを傷つけ，Tも暴力でしか自分の気持ちが伝えられなくなっている」と必死に説く園長に，やっと落ち着いて話をし出した父親であった。幼年期から思春期にかけて父親から受けた虐待や，兄と比較されて「おまえはバカだ，頭が悪い，生まれてこなければよかったんだ」と言われ続けたことなど，辛く悲しい思い出ばかりを語る父も虐待の被害者であることがわかった。その日は，父の境遇にも共感し，TやYの辛さは父と一緒であることを告げ，暴力や暴言で子どもたちを怖がらせないようにしてほしいことや，父親にお風呂に入れてもらったときTもYも嬉しそうに報告してくれていることを伝えて面談を終えた。しばらくは父の表情もやわらいだが，虐待は簡単には治まらなかった。

◇ 職員集団の連携

Tにとっても，Yにとっても唯一安心できる心の拠り所は，保育所であり担当保育者であった。とくにTの場合は，家に帰ってからも保育所に戻ってきたり，日曜日に担当保育者の家を尋ねたり，土曜日の夕方に突然「Yちゃんがいなくなった」と救いを求めてくることもあった。

一番安心できる保育所で，甘えたり，いらつく気持ちのはけ口を保育者に求めるTとYへの対応は，保育所職員全体で取り組む必要があった。問題行動をどう受け止めるのか，どう対処するのか，保護者への連絡方法や，関係機関への連絡体制をどうつくるのかということは，担当保育者だけでなく全職員に徹底された。

保育上の配慮は，TとYが父親といる時間を短縮するために，TとYの長時間保育を実施し，送迎の際にもその日の出来事の報告を心がけ，保育者同士の日々の連携もきめ細かに行われた。保護者にもクラス懇談会を通じて状況が具体的に報告さ

れ，Tをめぐっての子どもたちの関係がマイナス部分ばかりではなく，プラスになっていることもあると話がされた。

◇ TとY兄妹のその後

Tが小学校に上がる直前，離婚が成立し，小学校入学と同時に母親は子どもたち全員を引き取り新しい生活がはじまった。現在中学生となったTは，生活の崩れもみられず，今でも保育所を懐かしがって訪れるという。

この事例はどこにでもある事例ではないかもしれない。しかし，どちらかといえば子どもたちの状況をよくつかめているこの保育所においても，父親によるひどい児童虐待を見抜くためには時間がかかったのである。TやYへの父親による暴力は，保育所に知られたら自分もどうなるかわからないと怯える母親と，暴力への恐怖と不安に押しつぶされそうになりながらも，家族に見放されることをおそれた子どもたちによって秘密裡に長く続いたのだ。

「児童虐待」のもつ悲惨で深刻な問題が浮き彫りにされている事例である。そしてまた，保育所が「子育て」の専門機関なればこそ子どもたちの危機的な状況に気づき，解決の道が見出せていったと考えられる事例である。

① 困難を抱えた家族とどうかかわるのか

a. 日常的なかかわり

担当保育者は，妹のYへの直接的な虐待が発見される前から兄妹の状況をかなりつかんでいた。月曜日になると乱暴になったり，言葉をしゃべらなくなる兄妹の家庭の状況を知るために，母親とは再三個別面談をもち，家庭訪問の要請もしていたが，両親の都合がつかず実現できないままになっていたのである。

困難を抱えた家族の実態は，家族構成や経済状況が，しばしば突然変化することも多いため非常につかみにくいものである。社会的にも負い目や，引け目を感じている保護者も多く，保育所に受け入れ態勢がよほど整っていないと保護者から直接本当のことが伝わることはない。

一方，日常の保育の中では，困難を抱えた家庭の子どもの状況が直接日々の保育に影響することもあるために，保育者の家族への願いや要望は多くなる。子どものために，親らしく振る舞ってほしいという保育者の願いは正論であるがゆえに保護者にとっては大きなプレッシャーとなり，さまざまな保育者の要

望や願いは空回りするばかりとなって保護者との関係は硬直し悪循環となる。

　事例にあるような虐待の事実が明らかになるまでは，担当保育者によって，保育における子どもの状況のマイナス面ばかりを伝えるのではなく，保育所の子どもたちの楽しい様子を交えて子どもの育ちを伝えることや，保護者の抱えている問題を丁寧に聞き取っていく個人面談がしばしば行われている。しかし，それだけでは子どもたちの生活実態をつかむことはできなかった。保護者の都合でできていなかった家庭訪問を，少し強引にでももう少し早くに行っていれば…と悔やまれた事例であろう。

　保護者の都合にあわせて，細かい時差出勤の保育体制を整えての家庭訪問は大変なことである。しかし，たとえ短時間でも子どもたちの家庭の状況をつかむ家庭訪問はかなり大きな意味があると思われる。

b. 虐待が発覚してから

　事例の保育所は地方都市の工業地域にあり，離婚家庭の増加や，凶悪事件や事故の発生が多くあって児童虐待の件数も増えているところであったため，関係機関との連絡体制などがかなり整備されていた。また児童相談所も取り組む体制がしっかりできていて，虐待の発覚と同時に，相談所としてＴ・Ｙ宅への家庭訪問や，保育所訪問，担当保育者との面談，母親との面談が迅速丁寧に行われたという。早期発見を心がけている保育所や幼稚園の職員にとっては，専門機関による迅速で丁寧なケアのシステムや環境が，自治体として整っていることは大きな安心材料である。

　保育所においても，この事例があったあと関係機関と相談しながら連絡体制を明示し，緊急時に備えた。

【保育所から各関係機関への連絡体制】
　保育所―児童家庭課―児童相談所　保育所―児童相談所―当事家庭訪問
【家庭からの緊急連絡体制】
　当事家庭―担当保育士―園長
　当事家庭―警察110番

　保育所内においても，園長をはじめとして職員集団の連携を図ることは大切なことである。10時間以上，時には夜間までの保育を支える保育体制の中で

日常的にも職員集団としての連携を図ることは当然のことだが，こうした問題が起きたときにはいっそう日頃の連携の図り具合が試される。

　園長と担当保育士の問題にせず，全職員が事態をきちんと把握できているかどうかが重要になってくる。虐待の発覚から1年足らずで，子どもたちが暴力のない平穏な生活を送ることができるようになったという事実は，T・Yに関する情報を全職員に徹底する報告会議をもつことや，その日に起こったことや，そのことへの対応が保育者同士の話し合いで，しっかりT・Yの現状として把握され，共有されることがいかに大切であったかを物語る。

　とくにT・Yをめぐる問題は，日々の生活の中では，クラスの子どもたちにとってはさまざまの理不尽な痛みや不利益を伴うだけに，他の保護者にとってはきれい事ではすまされない問題がある。事例は，その保護者の気持ちもしっかり受け止めながら，Tの問題が他人事ではなく，地域も含めた子どもを守ることが大人の仕事であることに気づいていくようなクラスづくりを進めていったのである。T・Yの問題を個人的な問題と捉えるのではなく，社会的な問題としてしっかり受け止めている職員集団の質の高さをうかがうことができる。

　T・Yが卒園した後もこの保育所は「児童虐待の実態と対処について」などのテーマを園内研修に取り入れて学習会をもつようになった。事例検討をする中から，虐待が暴力だけではなく，言葉による暴力・無視（ネグレクト）などがあること，家庭だけに起こる問題ではないことを学び，保育の中で保育者が子どもの人権を傷つける言動や行動をとっていないだろうか，保護者に対して十分な配慮や説明がされているのだろうかと，保育のあり方についてもさらに学びを深めている[7]。

3) 保育所に求められる子育て支援の役割

　1994年に出されたエンゼルプランに始まる子育て支援の施策の具体化は，直接子どもたちにかかわる専門機関である児童相談所，福祉事務所，保育所や幼稚園，学校，児童館，保健所や保健センター，病院，地域子育て支援センター，社会福祉協議会等を通じて行われることになったが，乳幼児の保育において永年の経験と専門的な知識の集積のある保育所が，地域の子育て支援のセンターとして期待され，果たす役割は大きなものがあった。

　エンゼルプラン，新エンゼルプランに基づく活動の拠点として地域に開かれ

た保育所の「地域子育て支援センター」としての活動内容についてみてみよう。

保育所の子育て支援―いま求められている内容とはなにか

ある保育所が行っている主な支援活動は、次のようなものである。

①電話や面接による相談事業、②育児通信・ホームページ・育児講座などによる情報の提供、③０歳児の子育て広場（月２回）、④１歳〜就学前の子育て広場（週２回）、⑤幼児〜小学生の自然体験活動（月２回）、⑥出産前の夫婦の勉強会（年数回）と６項目にものぼる。

この保育所は、中でも先進的な取り組みを行っている例ではあるが、多くの保育所はこれらのいくつかの項目で子育て支援の事業を展開している。

事例７-４　０歳児の子育て広場における援助場面の実際

２階ホールに、20組近くの０歳児と母親たちが三々五々集まった。キルトマットの上にお座りしたり、腹ばいになって遊ぶ赤ちゃんたちのそばで母親たちはさっそくおしゃべりをはじめた。援助者である保育者は、奥の方にいる３〜４か月の赤ちゃん数人を相手に、腹ばい運動の方法や触れ合い遊びの方法について具体的に援助をする。母親たちからは、授乳の仕方や体重が増えない悩みなどについての相談が自然に出てくる。

保育者は、おとなしい子という印象で母親からの訴えもないが、動きや表情があまりにも乏しいと気になっていたＳ君（参加は２度目でもうすぐ４か月）の母親に、「Ｓ君、いま眠いのかな？」と尋ねてみる。母親は「いつもだいたいこんな感じで泣くこともありません」というので「ちょっと相手していい？」と断ってＳ君のまえに座ってかかわってみる。

顔を近づけ視線を合わせようとしても反応がなかったが、何度も試みるうちに目が合いはじめ、保育者が「パッパー、タッタ」等と声を出して笑いかけると表情が動き出して、だんだんはっきりと笑うようになってきた。30分も相手をすると大声で笑うようになり、反応のなかった手もぎゅっと握れるようになってきた。母親は「エーッこんな声聞いたことも、こんな笑顔を見たことも初めてです。まわりにおもちゃを置いていたけど、人の相手をこんなに喜ぶんですね」と驚いたようであった。保育者は「言葉はなくても、目と声と表情で気持ちが伝わって、お互いがとてもうれしい気持ちになれるのがコミュニケーションのはじまり。赤ちゃんは人が好きになって模倣もはじまるし、大人は世話をするのが楽しくなるのよね。これからうんと楽しみましょうね」と伝える。お母さんの晴れやかな笑顔をはじめて見たように思った。

少子化が長く続き，成長するまでに赤ちゃんと出会ったこともなく，まわりとのコミュニケーションを取ることも苦手な世代が増えている。おそらくＳ君の母親は，「赤ちゃん」にはじめて出会ってあやし方もわからず，「赤ちゃん」は静かに寝かせておくものだと思っていたのであろう。保育者は，母親の気持ちを傷つけないように指示的な対応ではなく，共にかかわってみるという対応をして，保育の方法をそれとなくモデルとして示している。保育者のＳ君に対する「目を合わして働きかける」という専門的な対応が，結果的に赤ちゃんのもっている「笑いかける」「握り返す」という，赤ちゃんからの主体的な反応を引き出した場面である。Ｓ君の母親への援助のみならず，この働きかけの結果はまわりの母親たちにも具体的な保育方法を伝えることができたであろう。それにもまして「子育て」は決して難しいことではなく，子どもも親も共に楽しめるものとして母親たちに伝えることができた事例である。

事例７-５　育児不安を抱えた親子の実際と援助──笑わない親子

　０歳児の子育て広場に参加した５か月のＹ君親子は，参加者の中でもひときわ表情が硬く，まったく笑わず，他の親子たちからもぽつんと離れていて保育者も声をかけあぐねていた。
　離乳食のワンポイント学習会をしたとき「離乳食って毎日やらなきゃだめなんですか」と強い口調で質問をし，まわりがびっくりするといったこともあった。子育て広場の担当保育者は，母親の表情の硬さにただごとではない雰囲気を感じ取り，意図的に母親たちのおしゃべりの場に巻き込んだり，親子の触れ合い遊びでリラックスの場面をつくったり相談しやすいように声をかけることを継続した。
　母親同士の話し合いが盛り上がったある日，Ｙ君の母親がポツリと「子どもが泣くと胃がキリキリして，泣くのが怖くて台所に立てない」と話した。保育者が「今日はそのことが言えてよかったね」と受け入れると，ハイとうなずいて涙を見せられた。このことを境に，親子共に表情がやわらぎはじめ母親同士でおしゃべりしたり，コツを先輩母親から聞いて離乳食もつくれるようになってきた。Ｙ君もよく笑い動くようになり，他の子どもたちとも積極的なかかわりが見られるようになって，母親の育児不安もようやく解消されたようであった。
　１歳を過ぎる頃には，母親は保育者と冗談も言い合える間柄となり，５か月頃のことを振り返って「あの頃は子どもが全然わからず，とにかく子どもが泣くことが怖くて怖くて，私自身もいつも泣いていました。私が不安だったからＹも不安だった

んだと，（子育てが）楽しくなった今はわかるようになりました。最近は二人目もにぎやかでいいかな？ なんて思っています」と，いい表情で話してくれるようになった。

　担当者は，この保育所の子育て広場に参加する親のほとんどが，熱心に子育てをしているにもかかわらず不安や緊張が強く，子どもの要求や気持ちを的確につかめないままおどおどと対応したり，勝手に思いこんで子どもの気持ちとはズレたかかわりを押しつける育児になっていると指摘している。結果的に子どもの心身は不安定になって，親も子どもも慢性的なイライラ状態になったり，ストレスを抱えてしまうのだ。まわりに，相談できる人や手助けをしてくれる人のない孤独な子育ては，母親のストレスも極端に強くなり，子どもたちにもさまざまな問題が起きてくることがよく理解できる事例である。
　そしてY君親子の変化にみられるように，保育所という豊富な育児経験と知識をもった専門家集団による意図的なかかわりが，親子に及ぼす影響はとても大きいことがわかる。月に数回であっても，継続して意図的な援助が取り組まれた結果，育児不安が払拭されたY君の母親は，第2子をもうけたいとさえ思えるようになったのである。また保育所の保育が培ってきた子育て，親育ての経験も，子育て支援に大きな役割を果たしている。支援を求めてやってくる親たちに，一方的に保育のノウハウを提供するだけではなく，母親たちのそれぞれのもっている力を引き出し発揮できるような取り組みも組織していくことを考えるのである。育児不安が解消された親たちは，保育所への理解や信頼をさらに深め，新しく子育て支援を求めてやってくる親子たちの身近なよき援助者となっていく[8]。

2. 児童福祉施設における保育者の実践と生活支援

　児童福祉法第1条には「すべて国民は，児童が心身ともに健やかに生まれ，且つ，育成されるように努めなければならない。すべて児童は，ひとしくその生活を保障され，愛護されなければならない」と理念が述べられ，第2条では「国及び地方公共団体は，児童の保護者と共に，児童を心身ともに健やかに育

成する責任を負う」と国や地方自治体，そして子どもたちを囲む大人たちの責任を明記している。児童福祉施設は，家庭や養育上に問題を抱える児童のための施設，心身に障がいを抱える児童のための施設，情緒面や行動面に問題を抱える児童のための施設などがあり（助産施設・乳児院・母子生活支援施設・保育所・児童厚生施設・児童養護施設・知的障害児施設・知的障害児通園施設・盲ろうあ児施設・肢体不自由児施設・重症心身障害児施設・情緒障害児短期治療施設・児童自立支援施設・児童家庭支援センター），それぞれの目的や対象が明記されている。

　保育者の多くは，児童福祉施設の中でももっとも施設数の多い「日々保護者の委託を受けて，保育に欠けるその乳児又は幼児を保育する」（児童福祉法第39条）保育所で働いているが，24時間乳児を入院させて養育する乳児院や，養育する保護者のいない児童や，虐待されたり環境上養護の必要な児童を養護する児童養護施設において保育の仕事にかかわっている保育者もいる。ここでは児童養護施設における保育者の保育実践と生活支援について，事例をもとに考えてみよう[9]。

事例7-6　虐待問題を抱えた母子への支援

本人および家族の紹介
本人A男（6歳）：母親がアルコール依存症で入院したため児童養護施設に入所。
母親（37歳）：若い頃から夜の仕事をしていてアルコール依存症であり，イライラするとA男にあたり，手を出すこともあった。
祖母（65歳）：母方の祖母で，施設入所前はA男と母親と祖母の3人ぐらしであった。
実父：A男の出産前に母親と離婚。音信不通で未入籍のため詳細は不明。
I氏：A男入所後，1年ほど経過した頃から母親と同居。

事例の概要
　A男と母親の施設入所前の様子はつぎのようであった。
　母親はA男の父親と別れたあとまた別の男性とくらしはじめるが，DVを受け別れる。A男はそのときのことを覚えている様子である。母親は若い頃から夜の仕事をしていてお酒を飲む量も多く，アルコール依存症となっていた。イライラするとA男にあたり，手が出ることもしばしばであった。
　暴力をふるう男性と別れた母子は，母方の祖母と同居する。夜の仕事をしている母親はA男の育児ができず，祖母がA男の面倒をみることが多くなった。その結

果として，母親は祖母とA男から疎外されているような感情を抱き祖母と母親の関係も悪化してしまう。

母親は，A男に対して異常なほど愛情をそそぎ依存感情も強い反面，急に冷たい態度で接することもある。A男を叱るときも厳しい口調で叱る。そんな母親に対してA男は必死に「よい子」であろうとし，母親に対して甘えを出せないなど子どもらしくないところもみられた。

A男の児童養護施設への措置理由は「母親が肝炎で入院が必要となり，かつアルコール依存症である。子どもへのかかわりの中で虐待があり，母親が養育するのは不適当」とのことであった。

事例の経過と援助過程
◇ **児童養護施設入所当初**
《5月》入所当初は，おとなしくいい子というイメージであった。母親が退院して面会に訪れたとき，お互いになかなか離れがたく2人でしばらく泣いていた。
《6月》普段は穏やかなA男であったが，生活になれてくるとおもちゃの取り合いなどで自分が譲れないときは，友だちにきつい口調で言ったり，手が出てしまうことも目につくようになった。
《9月》母親が借金返済のため仕事（風俗関係）に就く。そのため，精神的に辛いことも多く，面会のときもA男に対して些細なことでも辛くあたっている場面がみられた。A男も不安定気味になり，他の子どもに対して乱暴な言動が目立つようになった。

◇ **3歳児のB男とおもちゃを取り合ったとき**
9月になって幼稚園が始まったある日のことであった。居室では，幼稚園に行っていない小さな子どもたちが実習生と思いおもいにおもちゃで遊んでいた。おもちゃは共有の物と個人持ちの物があるのだが，3歳のB男も実習生もそのことがわからなかったので，B男はA男の個人持ちのおもちゃで遊んでいた。そこにA男が幼稚園から「ただいま」と元気に帰ってきたのだが…。

B男の手にしているおもちゃをみつけたA男は「あーっ，それぼくのおもちゃやないか。B，返せや！」といきなりB男を殴り，押し倒しておもちゃを取り返した。B男は泣き出し，実習生はどうしていいかわからずオロオロしその場の収拾がつかなくなってしまった。

ベテランのW保育者が，他の幼稚園児たちと居室に戻ってきてA男を受け止めた。B男がおもちゃを使っていたことで怒って興奮しているA男に，W保育者はまず「A君が自分のおもちゃを勝手に使われていたので怒ったのはよくわかるよ。でもそのときいきなり殴ったのはどうかな。どうすればよかったのかな」と問うとA男は「で

も…」と突然泣き出し，物を投げようとする。W保育者は，後ろからA男を抱きかかえ「いいよ。Aちゃん今泣きたいんだよねー。せんせいがこうしてるから泣きたいだけ泣いてもいいよ」と言い，他の子どもたちには「みんなは，実習生のお姉さんと一緒に運動場で遊んでらっしゃい」と声をかけてA男と2人だけの場をつくった。A男はしばらく泣いていたが，やがて落ち着いて小さな声で話し出した。

「おかあさんは，いつもぼくが悪いことをしたときたたいたよ。だからBが悪いことをしたらたたいてもいいんだよ」というA男に，W保育者は「A君は，お母さんからたたかれたときどんな気持ちだった？」と聞いた。A男は「こわかった。お母さんはぼくのことが嫌いなのかなと思った」という。W保育者は「A君はおかあさんのこと大好きだよね。おかあさんもA君のこと大好きだと思うよ。A君Bちゃんのこと嫌いなの？」と聞くとやっと冷静になったA男は「嫌いじゃないよ。でもBが悪いことしたから…」と口ごもる。再度W保育者が「A君の気持ちを，どうやって伝えたらよかったのかな」と問うとA男から「たたかないで口で言えばよかったと思う」という返事が返ってきた。

W保育者との話し合いで笑顔を取りもどしたA男は，W保育者と共に運動場に出てB男に謝ることができたのであった。

1）保育者の対応から学ぶこと

子どもたちとの生活の場面では，子どもたちが間違った行動をとったときに保育者がその行為を「叱る」ことがしばしば起こる。しかし虐待ケースの場合，親が自分の「怒り」の感情を処理するために子どもの問題（泣きやまないとかいうことを聞かない等）に対して「暴力で解決する」傾向にあるため，頭ごなしに「叱る」方法は効果をもたらさない。虐待ケースの子どもたちは「暴力で解決する」という親のやり方を学習しており，他の子ども，とくに自分より力の弱い子どもに対して親にされたのと同じ方法，つまり暴力によって問題解決を図ろうとするのである。暴力をふるった子どもに対して厳しく「怒る」という保育者の対応は，親の虐待を再現してしまうこととなる。W保育者の対応は次のようであった。

① 子どもの間違った部分だけを責めるのではなく，正しい部分と悪かった部分を整理する。
② 子どもが話ができる状態，また話が聞ける状態になるまで待つ。
③ 子どもが安心感をもてるように，「怒り」の感情をもたないで接する。

④ どこが悪かったかを指摘するだけでなく，どうすればよかったかを一緒に考える。

こうした対応をしても，簡単に問題が解決するわけではない。日々のA男との生活の中では叱らなければならない問題は多く，母親との関係ではA男は暴力で問題を解決することがあたりまえとなっている。施設職員の対応と母親の対応とのあいだでA男は迷ってしまうのである。このような問題を解決するためには，保育担当者と家族支援担当指導員との情報交換や話し合いは不可欠である。W保育者は，週1回母親と面接している指導員との話し合いの中で，母親自身が子どもの頃母親（祖母）からの精神的な虐待を受け，さらに父親（祖父）からは性的な虐待も受けていたようだとの母親に関する新たな情報を得た。母親自身の自尊感情が低いことも，施設にA男の面会に訪れたときも玄関までしか入ってこられず，保育者とも話したがらないことも理解ができた。

そして母親自身の自己評価を高める取り組みとして，母親に施設ボランティアにきてもらうという指導員の提案が具体化されることとなった。母親とA男の関係をいっそう改善するために，A男と母親を他の子どもたちと隔離して別室で会わせるのではなく，居室で同室の子どもたちとかかわりながらボランティア活動に参加してもらうという取り組みである。ボランティアとして母親が同室の子どもたちとかかわる場面では，母親はA男にとっても「やさしいおかあさん」になることができる。面接室など他の子どもたちと隔離された環境では，母子関係が悪化したときに逃げ場が保育者になってしまう。A男と保育者に対する母親の嫉妬心が刺激されると，A男との関係でせっかくできつつある「やさしいおかあさん」のイメージが壊れることにもつながることが懸念されたためである。

2）施設保育者の役割

入所後半年が経ち，A男から母親に対して「わがまま」を出せるようになって落ち着きをみせてきた。母親は手をあげることがなくなり，施設にA男を託すことで，ちょうどよい距離感，密着感ができたようであった。

虐待は，長年にわたって築かれた親と子どもの関係性の中から生じている問題である。親子関係の修復を図るためには，親と子どもがかかわり合って新た

な関係性を見出し，つくりだしていくことによってはじめて可能となる。施設保育者の重要な役割は，子どもの親に代わることではなく，親と子どものよき仲介者となることである。

　施設職員の，それぞれの役割分担におけるケースカンファレンスも，家族の新たな情報を交換して分析し理解を深めていくためにも，当面の課題や援助方針を確認する上でもとても大切なことである。

　W保育者が，A男をめぐる日常の些細なトラブルの問題点を素早く受け止め，その指導のチャンスを的確に把握して処理できたことはよかった。さらにその指導に行き詰まりを感じたとき，違う役割を担っている家族支援担当の指導員に援助を求められる体制がきちんとできていることが重要である。保育者は「他者のお世話をする」ことをいとわない性格の持ち主であることが多い。しかし他者の大変さを思う気持ちが強すぎて，我を忘れてしまいせっかくのすばらしい仕事を長く続けられなくなってしまうことも多い仕事である。

　保育者の役割は「子どもの親に成り代わることではなく，親と子どもの良き仲介者となることである」ということをしっかり心に刻んでおきたい例である[10]。

3．事例を通した演習

(1) 保育者集団づくり・保育課題の見直し・子ども同士の育ち合い

> **事例7-7　ダウン症のSちゃん**

入園時年齢　　2歳10か月
受け入れクラス　　2歳児クラス：子ども16人，職員4人
保護者の様子　　母親は離婚しているが，入園前面接のときに男性と一緒に現れる。人付き合いは苦手といい，ぶっきらぼうな応対である。Sちゃんについての話の内容も，聞かれたら答えるといった程度で，とくに深刻でも，熱くもない。男性とはすでに同居していて，まもなく入籍するとのこと。
専門機関との連携　　児童福祉センターにかかっているが，あまり熱心に通園していない。
入園時の状況　　歩行はできるがお尻を突き出した前かがみの姿勢で不安定。表情は乏しく，発声がない。おむつ着用。朝，親と別れるときの抵抗はなく，後追い

もしない。
受け入れたクラスの保育体制　保育体制は，特定の保育者がかかわるのではなく，クラスを運営する通常の方法で担任全員が役割を交代しながら本児とかかわる。

2歳児クラスで

はじめは部屋の中で保育者に寄り添われてまわりを観察しているようだったが，入園後2か月もすると行動が急速に活発になり，保育所中を探索してまわるようになる。保育室から出ていって，気に入った場所で遊ぼうとすることが増えた。表情も豊かになり，笑顔とともに要求や拒否の意思を表情や動作で示すようになる。また，次第に特定の保育者を意識しはじめ，生活のいろいろな場面でその保育者を求めるようにもなった。保育者側は，そのことを認めつつもとくに担当を固定せず，これまでと同じ体制で臨むが，対応は柔軟にしていった。

本児が入園するのとほぼ同時期に母親が新しい夫と入籍し，入園前の面接のときより母親におちつきと明るさがみられる。新しい父親も送迎に一緒にくるなど，育児にかかわる姿がある。照れ屋で無愛想ながら母親や本児に対するふるまいにも好感のもてるものがあり，保育者とも次第に打ち解けるようになる。

しかしクラス懇談会には，父親が夜仕事に出ることもあり，出席したことがなかった。

入園後3か月余の7月末に園で夏祭りがあり，そのときは親子3人で参加。控えめながらクラスの保護者とも楽しそうに話している姿がある。Sちゃんにも笑顔がみられた。

9月，母親から第2子妊娠の報告がある。母親の体調の変化を理由にそれまで月1回行くことになっていた「児童福祉センター」の通園施設に実際に行けない状況になって，並行通園をやめることになった。けれど，よほどのことがない限り，遅刻しても保育所には登園した。父親も，父親の母も，送迎は熱心にしてくれた。

翌年4月，Sちゃんに妹が生れる。父親にとっては第1子。家事は同居している父親の母が援助してくれる。

3歳児クラスで

3歳児クラスになり，若干の新入児を迎える。担任は4名から2名になるが，Sちゃんへの対応もあり，経験豊かなパート職員をSちゃん加配という位置づけで配置する。

妹の誕生が理由で4月はほとんど欠席し，5月から本格的に登園するようになった。Sちゃんはしばらくは祖母と父親が送迎してくれた。Sちゃんと父親はよい関係ができているようだった。しかし，園では保育室がかわったことに抵抗を示し，しばらく落ち着かない。以前からあった「抜け出し」行動がよりはげしくなり，加配の保

育者が後をおっかける場面が多くなった。また，加配の保育者との関係では，日が浅いこともあり，持ち上がりの担任をより強く求めるようになった（妹が生まれ，家庭の状況がかわったことと関係があるのかどうかはわからない）。

このことについて園全体で話し合い，Ｓちゃんへの対応を全職員で一致させることにした。

① Ｓちゃんにとって，特定の保育者であるＫ保育士への思いは大事にしつつも，クラス全体への対応は基本的には今までと同じにする。
② 加配であるＴ保育士は，Ｓちゃんだけに集中しないようにし，クラス全体のサポートという意識をもつようにする。必要なときにはＳちゃん優先で行動する。
③ Ｓちゃんがクラスから出て行き，他クラスや事務室などに行ったときにはその場所ですごすことを保障してあげる。そのときのＳちゃんに寄り添うのはＴ保育士であり，Ｓちゃんの思いを最大限に受け止める立場をとる。
④ 生活のながれの中で，たとえば食事時間などがＳちゃんの要求に合わずずれることがあっても，可能なかぎりＳちゃんのペースに合わせる。
⑤ Ｓちゃんに関する情報は，担任はもとより全職員で共有する。

このことを確認してから，Ｔ保育士だけでなく職員全体に気持ちの余裕ができ，Ｓちゃんに対してゆったり見守ることができるようになった。

すると，2週間ぐらいでＳちゃんにも落ち着きがみられ，それまでのような激しい飛び出しや頑固な拒否はしなくなった。しかし，絵を描いたり物を作ったりする活動を長時間他児と一緒にすることはむずかしく，Ｓちゃんなりにやり終えたあとはＴ保育士を従えて好きな場所（この頃は事務室）に移動して遊ぶことが多かった。

生活のながれの中でペースが合わないことはほとんどなく，食事時間は率先してテーブルについていることもあった。食欲旺盛で，何度もおかわりを要求するので，きりをつけさせることがむずかしかった。食べたらすぐ眠くなるので，食事→午睡への移行はスムーズだった。しかし，「大食い」→「すぐに寝る」の生活パターンは，Ｓちゃんの肥満傾向に影響を与えているようでもあった。

保育方法の工夫

園では歩くことを大事にしていて，園外によく出かけた。Ｓちゃんも他児より一足遅れ気味だがＳちゃんのペースでＴ保育士がついて同じ目的地をめざした。園の周辺の散歩はこの方法でできるだけ「みんなと一緒」の意識がもてるようにした。3歳児クラスの秋からは月1回のペースでお弁当持ちで近郊の小さな山に登る。Ｓちゃんも散歩のときと同じようにＴ保育士と一緒に他児のあとを追うようにしながら同じ目的地に行った。園〜山のふもと間は市バスを使う場合が多いが，Ｓちゃんは帰りは眠くなることや体力がもたないことからタクシーで一足先に帰園することもあった。

そのような工夫をしながら"みんなで"同じ経験をすることを大事にした。

保育課題の見直し

　園から直線で約5kmのところに「古道峠」というすてきな場所がある。峠には「日本昔話」に出てくるような風情の茶店がある。また，車の通る道とは別に約2kmの旧道があり，木立の中や切通し，急斜面の谷に沿った崖道など変化に富んだコースはここが市街地のすぐ近くであることを忘れさせる風景である。

　3歳児は峠のふもとまでバスで行き，そこから旧道を茶店まで歩く。4歳児は園から往復歩いて行くこともできるし片道バスを使うこともある。5歳児になると，峠からさらにもうひとつの山を越えて歩く…といった，年齢に応じた取り組み方をしてきた。場所のもつ雰囲気といい行程といい，園外保育の目的地として大事にしてきたところである。「自然にふれるなかで丈夫なからだをつくる」「体験を通してふるさとの風景を感じる」などの願いから，3歳・4歳・5歳が別々の日にそれぞれの方法で「古道峠」に行くことが園の伝統のようになっていた。毎年，子どもたちにも楽しかった体験として残り，次の年に行くことが楽しみにもなっていた。ゆえに，職員会議でも検討し直さなければならない反省点は出されていなかった。しかし，この年の古道峠行きの季節を迎えた月案検討会議に，担任が提起した。

　Sちゃんを含むこのクラスで「古道峠」に行くことがはたして保育課題としてあっているか？　担任からの提起に，全職員が意見を出し合った。論議は，「Sちゃん」が発端ではあるが，園全体の保育課題の見直しに発展し，結論として「3歳児クラスでどうしても古道峠に行かなければならないという理由が成立しない」「古道峠の楽しみ方などは，4歳，5歳で体力に見合った方法で経験できる」と確認し，この年から古道峠は3歳児クラスの園外保育目的地から外れた。このことはSちゃんが教えてくれたことであり，そのことに気づき提起した担任の感性を評価したい。

4歳児クラス

　4歳児クラスになった。妹も入園。担任のうち1人はかわり，加配の保育士はなくなった。保育室もかわった。Sちゃんはまた新しい環境条件にとまどいをみせた。Sちゃんの落ち着く場所として，保育室のコーナー遊びの場所が生きてくれればいいと願ったが，Sちゃんは部屋の外にその場所を求めた。事務室や小ホールに行くことが多く，そのうち，妹のいる0歳児クラスにも行くようになった。けれど，保育者はできるだけクラスの中にSちゃんの居場所をつくるようにし，子どもたちとの関係もしっかりつくような配慮をした。

　4歳児クラスでは「グループ活動」を取り入れている。4～6人のグループで簡単な当番活動をしたり，同じテーブルで食事をとったりするぐらいのもので，年3～4回グループ替えをする。

Sちゃんが入ったグループの子どもはSちゃんの「お世話」をするという役目がある。お世話といっても、朝の「おはよう」の時間や食事時にSちゃんがグループの席につけるように誘ったり散歩のときに手をつなぐといったぐらいのものだが、具体的な場面で役割がはっきりしたことによって子どもがSちゃんに働きかけやすくなり、Sちゃんも相手を認識しやすくなったようにみえた。こうして年度の終わり頃には、Sちゃんにとっての「お気に入り」の友だちも複数できた。

子ども同士の育ち合い

5歳児。担任はかわらず、保育室もすぐとなりに移っただけなので、いままでのような混乱はなかった。予想よりスムーズに移行できた。

5歳児はたくさんの保育課題があり、毎日もりだくさんの予定がつまっている。子どもたちにとっては毎日があたらしいこと、あこがれていたことへの挑戦であり、しんどいと思うこともあるだろうが、また誇らしく思っていることも見て取れる園生活である。そのような中、Sちゃんはあいかわらず自分のペースのように見受けられたが、ふと気がつけばクラスの中で過ごすことが多くなり、友だちの声かけで次の行動に移ることもできるようになっていた。4歳から続いているグループごとの「当番活動」では、Sちゃんにできることを子どもが見つけてSちゃんに働きかけ、Sちゃんもそれを受け入れるような姿を見ることが多くなっていた。たとえば「花の水やり当番」なら、誰かがSちゃんに好きな色のじょうろを選ばせて水をいれてやり、手を添えて一緒に花にかけるし、Sちゃんが先に飽きて一旦は滑り台で遊んでも、当番を終えた子が「終ったよー。一緒に部屋に帰ろう」と誘い、Sちゃんも素直に戻ってくる、というように。保育者集団はSちゃんの成長を喜ぶとともに、クラスの子どもたちがSちゃんをふくめた集団としてしっかり育っていることを嬉しく思った。Sちゃんには心臓に病気があり、「就学までには手術する」ことになっていた。家庭の都合と病院の都合で、11月の手術となり、約1か月半、園を休んだ。

園では12月中旬に「発表会」がある。当然のように年長組は力が入る。子どもたちもお互いに真剣に劇の役づくりをしたり、必要な小道具や背景の絵などをつくったりする。この期間、Sちゃんは手術のためお休みすることになり、退院後の登園が発表会の1週間前になってしまった。保育者は、Sちゃんが劇に参加できることに大きな期待はしていなかった。しかし、クラスの一員として、その場は共有してほしいと思っていたので、Sちゃんのポジションは用意してあった。

1か月半ぶりに登園したSちゃんは体調を案じる保育者の心配をよそに、一段とパワーアップした感じで久しぶりの園を喜んでくれた。園の大きな行事前の高揚した雰囲気もSちゃんの興奮を呼んだのかもしれない。手術後ということや行事前ということなど、なにかと保育者が気配りしなければならないことの多い中、クラスの

子どもたちの成長ぶりがとても力になった。子どもたちとＳちゃんとの信頼関係がしっかりできていて，生活面では，すぐに園のながれにもどることができた。劇には，最初の２日は入ることを拒み部屋から出て行ったが，３日目にはその場に居ることができた。前日のリハーサルではまがりなりにも自分の役割のときに立ち上がって，保育者に手をひかれながら動くことができた。当日はなんと，一場面ではあるが保育者ではなく友だちと手をつないで踊るしぐさをしてみせた。これには保育者も感激して，思わず舞台上で抱きしめた。そのときのＳちゃんの得意そうな顔！

卒園前の２月には雪山に１泊するお楽しみ行事がある。Ｓちゃんはお気に入りのボーイフレンドＤくんとずーっと一緒に行動した。やんちゃで通っているＤくんだが，Ｓちゃんへのエスコートぶりには目をみはるものがあった。保育者は「Ｓちゃんって，見る目があるよねー」と目を細めてその姿を見守った。

Ｓちゃんは，すべての行事を友だちと一緒に経験して卒園していった。

演習 11

この事例から以下のことを考えてみよう。
① 「一人ひとりを大切にする」ことと，「集団づくり」との関係性について，どのように考えられますか？
② 保育者集団の役割分担とチームワークについてはどのように考えますか？

（2）保育の可能性と限界を見極める──環境づくりの視点から

事例７-８　脳性まひのＨくん

入園時年齢　　　３歳４か月
受け入れクラス　　３歳児クラス
保護者の様子　　普通児とおなじように育てたいとの強い思いからこの園を選んで希望。
専門機関との連携　　出生時から通院している病院に定期的に通院。その他の療育施設とか通園施設には行かない。
入園時の状況
● おむつをしている。
● 食事は主に親が食べさせていた。
● 対人面──親は，人見知りが強く内気だと思っているが，保育士ははにかみやだ

- 移動─全介助で抱っこされて移動。室内での自力移動は後弓反張のように全身の筋を硬直させて頭と足でつっぱった反動で寝返りをし，その連続で移動していた。

受け入れにあたって職員間で検討したこと

　過去に脳性まひの子がいた経験もあるので受け入れを拒むわけではないが，はじめての受け入れ時には気負うあまりに保育者が身体的・精神的に疲れてしまったことや「もっとできることがあったのでは…」という思い，それに現在の保育所の職員体制，保育所のできることの限界などを思うと慎重にならざるを得なかった。職員会議で次のことを話し合い，確認した。

① 受け入れのクラスについて（生活年齢を大切にして）
- 両親は，Hくんが歩けないことなどの理由から「小さいクラスに入れてもらってもいいです。その方が安心できますから」と言っておられること，その年の職員数に余裕がなく，Hくんに加配がつけられる見通しがもてないことなどから，担任数の多い1歳児クラスに入れることも検討した。しかし，Hくんの心への影響やいずれ迎える就学年齢のことも考え「身体的な特徴はあるけれど，そのことも含めてありのままのHくんと理解し，やはり生活年齢の3歳児クラスに受け入れよう」と確認した。

② 保育体制（日常と保育内容による援助）
- 3歳児クラスはその年Hくんを含めて21名で担任は2名。園全体では，ほかにも障がい児は在籍しているが，このクラスには他に障がい児はいない。担任は2人とも経験年数もあり，日常の園生活には問題はないと思われるが，園外保育の多い園なので園外に出るときの応援は必要。
- 応援は基本的にフリーである主任が対応するが，支障のあるときは他のクラス担任が応援に入ることにする。たとえば3歳児クラスと他クラスが別々に園外に出るときとか，主任が他の業務で応援に入れない日など。
- Hくんの補助につく応援の保育士は固定せず，全体の予定に合わせて判断する。Hくんの対人関係を広げること，職員のスキルアップにもつながると考えることから，そのような体制をとることにした。
- 従来から園全体で月案を検討し，各クラスの応援体制なども確認していたが，これを機にいっそうきめ細かい打ち合わせをしていこうと話し合った。その上で「すべての子どもをすべての職員が保育するという基本姿勢を強くもち，職員全員が気持ちを合わせて保育にあたろう」とあらためて確認した。

③ 設備・備品等のハード面で工夫したこと
- 園舎にはいたるところに段差があり，階段もあるが，とくに改造はしない。
- 食事時の姿勢保持のためのいすは専門の製作所で特注でつくってもらう。これは，支援費制度を利用し，家庭から申請してもらった。
- 簡便につかえるよう牛乳パックを利用した手づくりいす（肘掛つき）を家庭と園が協力してつくり，保育室やホールに置いた。この方法は以前いた脳性まひ児にもとったことなので見通しをもつことは容易であった。
- Hくんは入園前はおむつにたよりきっているので排泄のトレーニングをすすめることにした。2・3歳用トイレはスリッパをはく構造なのでHくんには使いづらい。そこで，トイレの一隅におふろのマットを敷き，そこにアヒル型おまるを置く。チャンバーポット（つぼ型オマル）は身体が支えづらく，Hくんには不向きなので。また，簡単なついたてを置いて目隠しにした。
- 散歩用にバギーを購入。折りたたみ式の簡便なものだが，園外に容易に出られるように。ほかに，公園などで使うHくん専用のシートも用意する。

④ 家庭および専門機関との連携
- 病院はこれまでどおり月1回の検査受診。受診結果や病院からの指示は家庭から丁寧に報告してもらう。
- 制度的にも他の機関を並行して利用することは困難であるのでほかの療育機関などには行かない。

⑤ 他の保護者への対応
- この園には複数の障がい児が通園しており，保護者にも園の姿勢を理解してもらっていると考えるが，なお，年度はじめのクラス懇談会では新たにHくんを加えたクラスづくりの展望について丁寧に話した。その後，保護者集団もよい関係づくりができていた。

入園後の変化

園ではHくんの生活面の成長を最大の目標とし，「Hくんがすること」と援助の加減に気を配った。クラスが，友だち関係も含めてHくんの心地よい居場所になった頃（4月の終り頃）「自分のことは自分で」のルールをつくった。家庭にも説明をして，歩調をあわせてもらえるようお願いした。一つひとつに時間はかかるが援助は最小限にして寄り添い，見守りを続けた。Hくんはとても意欲をみせ，楽しそうに取り組むことができた。

①運動発達：保育室内の移動はもちろん，園舎内は自力で移動することを基本にし，安易に抱いて移動させないことにした。また，段差や階段も運動発達の道具と考え，保育者が援助しながら昇ったり降りたりできるようにしていった。園の，幅

が広くゆるやかな階段や段差を1日に何度も使わなければならない環境は、Hくんにとっては格好のトレーニングになった。保育室内でも家庭よりも広い空間、長い距離があることで、全身運動の量が増え、入園時「つっぱり寝返り」だったのが、5月の終わりにはずり這いになっていた。最初の頃、下肢はつっぱったままでまだ膝が伸び、内転していたが、本人の意欲が運動量を増やし、発達を促していった。4歳児の後半には交差していた足先が開き、支えてやるとトンビ座りができるようになった。

②排　泄：他の子と同じ時間にトイレに行き、オマルに座る。はじめの頃はおむつでしてしまうことが多かったが、おしっこの間隔は長いほうだった。おむつを脱がしたときに濡れていたら「出てたねえ」と、また、オマルで出なくておむつをはかせるときには「おしっこ出たらおしえてね」と言葉をかけた。家庭にも「本人の心理的負担にならない程度に」という言葉を添えて定時排泄と排尿を確認する声かけをお願いした。保育者をトントンと叩いて「おしっこ出たよ」と身振りで教えてくれるようになったのは秋だった。出る前に教えることも、オマルで定時排泄できることも、前後して増えていった。4・5歳用トイレでは保育者の支えつきで便座に座る。5歳児になって園内での活動時間はパンツですごせる時間が多くなったが、パンツかおむつかは本人が選ぶようにした。睡眠時、外出時はおむつ着用。

③食　事：入園したときから食欲は旺盛で好き嫌いもなかった。給食時間は、他の子と一緒にテーブルにつき、Hくん用のランチョンマット（食器の滑り止め）や、縁が立ち上がっている、スプーンですくいやすい食器（1歳児クラスが使っている）で食べる。自分で食べるのでたくさんこぼすから、おかわりを何度してもいいことにする。食欲に助けられてスプーンを使うことにも意欲的であった。

（しかし、これはのちに反省につながる。Hくんは噛む力が弱く、あまり噛まないで飲み込んでしまっていた。噛む回数が少ないので満腹中枢が働かず、大食いになっていたのだ。Hくんは身体がどんどん太っていった…やがて、「今日はおかわりないからしっかり噛んで食べようね」などと量の制限をすることもあり、保育者がそばについて「もぐもぐ…」と噛むことを促す場面も増えた）

④園外の活動：入園にあたって職員会議で確認したように、日常のお散歩には主任または応援の保育者が補助についた。応援を含めて3名の保育者のうち誰がHくん係をするのかはその都度、目的地やプログラムによって決めた。

Hくんが他の子と行動を共にすることに唯一困難のある場面が「山のぼり」であった。この園は「体力づくり」「自然との豊かなかかわり」を大事にしていて、3歳児クラスでも月1回のペースでお弁当持ちで近くのいろいろな山に出かける。バギーを使って行けるところまではHくんも一緒に行くが、バギーが使えず、背負わなけ

ればならないような目的地についてはどうするか悩んだ。
　「一度だけでもみんなと同じ経験を」と，体力のある保育士がしょいこに乗せて挑んでみたが，Hくんにとっては快適でないことがわかった。体幹の筋力がないのでしんどいのである。本人の運動量もなく，頂上に着いても，他の子のような達成感を感じたかどうかはわからない。5歳児になって本人の身体ができてきた頃はHくんの体重をしょって5歳児の登る山に引率できる保育士はいなかった。交通手段を工夫したりして共に行動できるところは最大の努力をしたが，Hくんに無理な行程はHくんが受診する日に合わせて予定するなど，他の子の活動保障も考えた保育計画を立てるようにした。
　山登りの他はHくんが参加しなかった保育行事はない。運動会も発表会の劇も，3回あるお泊り保育も，クラスの友だちと一緒にがんばり，楽しんで参加した。

Hくんが教えてくれたこと

　Hくんは，3年間で園中のみんなにたくさんのことを教えてくれた。身体に特徴のある人とのかかわり方を，知らず知らずのうちに覚えたし，その子の生活に必要な道具や環境を整えることについても，少しの工夫でより適した援助ができることも知った。なにより，「共に育つ」ことがあたりまえという感覚が，子どもにも大人にも（保護者も含め）育っていった。Hくんの笑顔はまわりの人に思わず手を差し伸べさせ，心をあたたかくさせる魔法の力をもっていた。
　卒園式の日，誇らしげに卒園証書を掲げる22人の笑顔の真ん中に，Hくんはいた。

演習 12

この事例から以下のことを考えてみよう。
① 肢体不自由児の受け入れにあたっては，どのような環境づくりが必要でしょうか。
② 特別な配慮を必要とする子どもが保育所にいる場合，まわりの保護者の理解を得るために保育者はどのようなことをすればよいでしょうか。

(3) 保護者支援

> 事例 7-9　アスペルガー症候群と診断された M くん

入園時の年齢　　3歳2か月
受け入れクラス　　3歳児クラス
事前の情報　　入園前の面接でも入園調書でも何も変わったことはない。

入園時の様子

　入園式の日。他の子はそれなりに場に合わせているのに M くんだけ一人立ち歩き，部屋中のいろいろなもので遊んだりまわりを気にせず母親に話しかけたりする。部屋を移動するときは母親の後を激しく追う。保育者の声かけには拒否の態度をとる。この時点で保育者は「おや？」と思った。

　翌日からの登園は，母親となかなか離れられない。保育者がむりやり抱きとって1日1時間の"慣らし保育"が1週間も続き，全日居られるまでにはとても時間がかかった。警戒心が強く目つきもきつい。言葉は多いしいろいろなことをしゃべれるが，こちらからの働きかけには「いやだ」とか「だめ」の返事が多く，保育者は"待ち"の姿勢を長くとることになった。

保護者への働きかけ

　M くんについて少しでも詳しく知りたくて折りをみては話そうとするが，保護者は「個性の強い子ですみません」と，深く話せなかった。しかし，保育者は発達相談にかける必要を感じ，区の支援センターに連絡。5月初めに保育所にきてもらって M くんの様子をみてもらった。相談員の先生は「要観察」を告げ，できれば専門機関にかけることを勧めた。そこで，両親と懇談をする。

　母親は，他児との様子の違いからもしかすると…と思っていたようだったが，父親は「個性の範囲です。月齢も低いし（1月生まれ）」と，なかなか発達検査を受けることに同意しなかった。保育者は「専門機関で相談することは M くんへのより適切な保育援助を知るためであり，M くんが園生活を送ることを拒否するものではない」と繰り返し丁寧に説明し，2週間かかってようやく同意をもらった。

専門機関との連携

　区の発達相談員さんが事前に手をまわして下さっていたので，児童福祉センターでは早期に発達検査を入れてくれた。この日は母親と M くんがセンターに行き，指導内容は保育所にも送ってもらうことにした。

　結果はやはり「要観察」で，すぐにセンター内の通園クラスに月1回行くことが決まった。父親は「判定名もついていないし，受け入れられないが，母親が通園するといっているから…」と，しぶしぶ認めた。

その後,「アスペルガー症候群」とはっきり言われたのは約1年後の4歳児クラスの夏, Mくんが4歳7か月になってからであった。
センターの通園クラスには弟出生に伴う4か月をのぞき卒園まで通う。

Mくんの生活

3歳児クラスでは,初めのうちは一つひとつの行動に「なんでだよー」「だめだ」「いやだから」と抵抗を示した。たとえば,「お散歩に行くからその前にトイレにいこうね」には「でないからいいの」「トイレはきらいだー」とか,「道を歩くときはお友だちと手をつなごうね」には「なんでだよー, ボクは一人で歩けるよー」とか, 結局最後はそうすることになるのだが一度は抵抗する。友だちもなんとなくかかわりづらいようで, 2人組になるときなどはすすんでMくんを選ぼうとはしなくなる。しかしMくんは時にふっと友だちを求めることがあって, そんなときに限って孤立していると「もうっ。なんで誰もボクと遊ばないんだーっ!」と怒り出す。また, 友だちが楽しそうにレールをつなげて電車遊びをしているところに突然自分も当然のように入っていって友だちを驚かせる。その上, 夢中になると,「これはボクのだからだめ」と横取りする勢い。当然, 他の子は「"入れて"も言わないでジャマに入ったー」「ボクが先に遊んでいたのにー」とトラブルになる。

人が大勢集まるところや大きな音も苦手で, 毎月のお誕生祝いの会もホールに入れず, 逃げ出した。初めはホールの声が聞こえるのもいやだったが, だんだん近寄れるようになって, 保育者に抱かれて廊下からガラスごしにちらちら見ることができるようになったのは9月頃だった。

大事件は運動会で起きた。母親は第2子出産直後で, Mくんは父親と通園している期間中だった。日常生活には大分慣れてきていたが, 運動会という非日常の場ではMくんの警戒心が極限になり, 自分の出番では大拒否をして, 説得にあたる担任に抱かれたままそっくり返って抵抗する。担任も無理強いは困難と判断して, 少し離れたところから見学させた。親子で参加するプログラムにも父親をさえ拒否。終盤の全園児親子総出の鈴わりだけ, 担任と一緒にすこしだけ参加した。父親はその様子をどんな思いで見ていたのだろう。

同じような場面は12月の「発表会」でも起こる。練習の場では楽しそうに友だちと劇ごっこをしていたのだが, 当日, たくさんの保護者が来たり会場の雰囲気が違ったりしたことがMくんの緊張感の限界を超えさせたと思われる。Mくんはまたもや大パニックを起こしてしまった。この日は母親が3か月の弟を実家に預けてMくんの"晴れ姿"を見にきていたのだったが…。

当初, Mくんの「気になるところ」を受け入れようとしなかった父親だが, 発表会後の連絡ノートにはじめて「運動会といい発表会といい, Mのことでは先生にお

世話をかけて申し訳ないです」と、父親が書いてあった。
　お誕生祝いの会には、運動会以降入室できるようになり、1月の自分の誕生日にはちゃんと祝ってもらうことができた。

「見通しをもたせる」ということ
　最初に発達相談にかけてMくんへの援助の方法を検討したとき、「カードで次の行動の見通しをもたせる」ことを提案された。早速、写真を撮ったり、絵の得意な職員にイラストを描いてもらったりして「カード」をつくった。それを、Mくんのためだけでなくクラスで普通に使うことにした。この方法は3歳児にはとてもいい方法であった。部屋にかけられているカードをみて「今日は絵を描くんやな」とか、「今日の給食時間はたてわりタイムや」と意識している子どもたちの姿があった。Mくんもみんなも、ごく自然に「見通しをもった生活」ができた。しかし、運動会や発表会の雰囲気は「カード」では表せなかったし、「カード」がMくんの苦手を克服する手だてでもなかったのである。

一度体験したことは必ず力になっている
　4歳児クラスになっての運動会。保育者も両親も、少なからず不安と緊張を抱えて当日を迎えた。保育者は、昨年の様子から、「もしも」をいくつか想定して、対応策をあれこれと打ち合わせていた。両親が揃って応援に来たのも、あとで聞くと「もしものときはその場で連れて帰ることも覚悟」していたという。
　ところが…今年のMくんはちがった。オープニングから、ニコニコ笑顔でみんなと一緒にやっている。4歳児クラスになると出番も多くなり、一人で競技する場面もあるが、流れをわかって順番も守り、ちょっとぎこちないながらもよどみなくこなしている。保育者一同は「すごい…」「みてみて、Mくんのあの笑顔！」と、ささやきあっては感激した。終了後の反省会でもそのことでもちきりであったほどである。両親の喜びようはいうまでもない。
　12月の発表会でも同じであった。去年のMくんを知っている他のクラスの保護者からも、「うちの子もですが、Mくんの成長には感動しました」と感想が寄せられた。保護者のあたたかい視線に、保育者が感動した。
　このことから、「Mくんは経験したこと、一度見たことを力にかえることができる。それなら、卒園までの行事でまだ彼に見通せてないことは何か」と話し合い、卒園式に着目した。園生活最後で最大のイベントともいえる「自分の卒園式」はみんなに大きな喜びをもって印象づけたかった。
　この園では、卒園式には4歳児クラスが「送る側」代表として出席する。この年の4歳児クラスには、例年以上に意識的に「来年はあなたたちがあそこで卒園証書をもらうのよ」と働きかけた。中にはあくびの出る子もいたが、Mくんは時々手遊

び（手指を絡めて，緊張の表れ？）などもしながら横目でしっかりとその光景を捉えていたようだった。

迎えたMくん自身の卒園式。立派で堂々として，しかもクラス全員が同じ喜びと満足感をもったすてきな日になった。卒園児は卒園証書を園長から受け取ってホールを大きく1周し，証書を保護者に手渡してから自分の席に戻ることになっていたが，Mくんは一直線にお母さんに証書を渡し一直線に席に戻った。その姿はかえって喜びの大きさを表しているものとして，その場に居るものみんなに伝わってきた。卒園児席からお母さんを見つめるMくんの誇らしげな笑顔が忘れられない。

就学にあたって

就学については担任の方が気をもんだ。就学相談では，「支援学級」がいいのではというアドバイスであったらしいのだが，両親は普通学級に行くものだと決めていた。園では，これまで「気になる子」の就学については保護者と共に考え合ってきたので，何度か両親とその話をしようとするのだが，なぜかその話題をさけていた。「主人と話し合って決めますから…」と，遠慮がちではあるが，拒否の意思表示をされた。園としては，両親の選択を応援したいので学校への引継ぎや配慮へのお願いなどを一緒にできればと申し出たのだが，それさえも「うちの問題です。がんばります。先生方のお気持ちやMへのご配慮には感謝しています」と。

1年生の学級でMくんと級友と担任のあらたな苦労が始まった。学級担任が園に問い合わせをしてきて，学校とはあらためて面談もした。両親は学校との関係も園のときと同じように距離をおいているらしい。とても気になる。でも，もうMくんの両親へ直接働きかけることは両親からの求めのない限りできない。

保護者ともっと深い信頼関係が築けていたら…反省である。

演習 13

この事例から以下のことを考えてみよう。
① 保護者との信頼関係をつくるためにはどんなことが考えられるでしょうか。
② Mくんの両親が保育所からの申し出を受け入れようとしないのはどういう気持ちからだと思いますか。考えてみよう。

（4）保育を通して気づいた発達のつまずき

> 事例7-10　発達相談には行かなかったNくん

入園時年齢　　4歳10か月
受け入れクラス　　4歳児クラス

入園時の様子
　はきはきしていていろいろなものに興味を示し，大人でも子どもでも誰に対しても気軽に話しかける。しかし，気分ムラがあり（初めはそのように見えた）ちょっとしたことですぐ怒って部屋から出ていったり，友だちにあたったりした。Nくんは他都市から引っ越してきて，そこでは約2年間保育所にも通っていたとのことだが，とくに気になるようなことは聞いていない。

アンバランスが…
　ある日，かけっこをしようとしたときだった。喜んで参加したNくんだったが，「ヨーイドン」で走り出したとたん，保育者は「オヤ？」と思った。走り方がぎこちない。5歳に近い子で保育経験もあるにしては，フォームが幼い，というよりあきらかに身体の使い方がおかしかった。両手を中途半端に下げて開いた掌をひらひらと前後にゆらしながらポテポテ…という感じで走る。当然他の子においていかれる。とたんに「もうやーめたっ」「だって，みんなが抜かしていくんだもん！」とすねてボイコット。保育者は，なだめたりすかしたりしながらスタートの構えから手の振り方，足の上げ方をマンツーマンで教えた。「かけっこきらい」と言われないように。
　リズム運動でも同じであった。経験の違いはあるにしても，4歳で獲得しているはずの運動ができない。しゃがんだままつま先で移動する「アヒル」とか，「かに」もむずかしい。スキップにはほど遠い。ブリッジは腕をつくこともできず，頭で支えていた。本人の楽しさを損なわないように気をつけながら正しい姿勢や運動を教えようとするのだが，なかなか獲得できなかった。

お口は達者なNくん
　言葉数はすごく多かった。大人びた口調で，次々にしゃべる。マシンガントークと異名がつくほどであった。話しかける相手は誰でもよかった。保育者でも子どもでも，時にはお迎えに来られた友だちのお母さんにでも，自分がそのとき興味のあることを得意になってしゃべった。「話す」より「しゃべる」感じである。
　「なーなーなー，しょうりんじってしってる？　ボク，しってるで。あんな，こうやって，こうやって，これが礼や。ほんでな，こっちいったらあかんのやで，こっちしかあかんのや。あっ，ボクな，いくときにかばんもっていくんや。白いやつ。しってる？しってるやろ？　そやけどな，中にはタオルしか入れられへんのや。タオルとな，

ほんで…あっ，この本（と，目についた本に話題が移る）ボクのうちにもあるで。…」と延々続き，友だちのお母さんは困ってしまう。

　クラスでの日常のルールを理解するのも時間がかかった。たとえば，「朝の集まり」のとき，座る位置を毎日順番に替わることにしていた。毎日のことなので子どもたちは理解し，うっかり間違えても友だち同士で教えあったりして並ぶことができていた。しかし，Nくんは毎日「なんでボクがうしろなんだよー」「今日はここがいい」「○○くんが隣にいるのはイヤだ」など，文句を言う。そのたびに担任が説明し，順番を守ってもらうのだが，すぐに「わかった…」という日もあれば，時間がかかる日もある。時には部屋から出て行って絵本コーナーのテーブルの下にもぐりこんだりした。

　他の子どもたちは，そんなNくんに対して特別な態度をとるわけではなく，4歳児らしいかかわり方で一緒に遊んだ。子ども同士で遠慮なく指摘したり注意する場面も多かった。Nくんにとっては大人から注意されるよりは友だちからの指摘のほうが受け入れやすいとみえて，だんだんルールを守れるようになっていったが，一方で「今日はダメ」「今日はまあいいか」という"気分ムラ"もますますはっきりしてきた。

　保育者は，そんなときどう対応すればいいのか"呼吸"がわかってきたのでクラス運営もなめらかになっていったが，Nくんのこうした様子を「個性的」と捉えるのは疑問だった。

Nくんについて，親はどう思っているか

　Nくんのこれまでの様子を知りたくて，送迎のときにさりげなく以前通っていた保育所のことなどを聞き出そうとするが，母親はNくんに何の疑問ももっていないので話がかみ合わない。かといって，Nくんは変ですよとも言えず，できるだけ否定的な言い方ではなくその日の出来事などを伝えていった。

　両親は個性的であったが，フレンドリーで明るく，屈託のない人だった。保育所にも協力的で，保護者会活動にも積極的に参加した。Nくんの人懐っこさは両親ゆずりかとも思ったが，ルールを理解しない（しようとしない）ことや運動発達面の違和感までは個性の域ではないだろうと思われた。

　夏祭りの日，お母さんはNくんのちょっと不思議なところに気づく。模擬店や遊びコーナーでのルールがよくわかっていないNくんは，割り込みやルール違反を何度かして，係の保護者に注意されるが，Nくんは「え？　そうなの？」と悪びれもせず，また次のところで同じようなことを繰り返す。「うちの子，わかってないんですねえ，もう5歳やのに…」と，他の子とちょっと違うことに気づいたようだった。その日をきっかけに担任は両親にNくんのことについて一歩踏み込んだ話ができるようになった。保育士の経験上から，発達になんらかのつまずきがあるのではない

かと思われること, Nくんへのよりよいサポート方法への手がかりを得るためにはしかるべき機関に相談したいと思うことなどを伝えた。両親も賛成してくれて, 園に来る巡回相談にかけることにした。

「アスペルガー症候群と思われる」

巡回相談の順番がきたのは11月になってからであった。相談員の先生は「対人面のレベルでひずみがみられます。空間認識の力も弱い。アスペルガー症候群の特徴が顕著です」と。しかし, 保育へのアドバイスは,「今の園での対応を継続して, 園ぐるみでていねいなかかわりをお願いするしかないです」とのこと。時期的にも, 児童福祉センターの通園クラスに申し込むことは困難との思いから, 両親も園も専門機関へつなげる選択はしなかった。

そのこととは直接の関係はないことだが, Nくんは発表会で, クラスの劇の真っ最中に突然キレて舞台をとめてしまった。大勢の観客 (保護者) が凍り付いて見守る中, ベテランの担任は「Nくんは何がしたかったの?」と文字通り "普段の保育" を展開した。どうやら, 自分の使いたかった小道具をうまく取れなかったことが引き金らしい。担任はNくんの言い分を受け入れて解決案を提示し,「じゃあもう一度最初から」と劇をやり直した。結局Nくんのごきげんは直らずすねたままだったが, 全体は20分遅れで先へ進むことができた。このことでNくんはかなり強烈な印象を残した。

子どもたちはその後も変わらず仲良く遊んだり主張し合ったり, 子ども同士の自然なかかわり方で保育所生活を送った。日々の積み重ねの力もあってか, Nくんは時々保育者をはらはらさせながらもクラスの子どもたちと一緒に成長し, いくつもの保育行事を共に経験し, やがて就学の時期を迎えた。

保育所から学校へのひきつぎ

Nくんは特別な判定がされたわけでもなく, 就学の手続きをする頃には生活パターンの習熟からかかなり落ち着いていたので, 園から学校へ特別な引継ぎをしたものかどうか迷った。このことを親に相談すると,「私から, 半日入学のときに話します」とのことであったのでお任せしていた。しかし, 後日, お母さんからは学校に相談できていなかったことがわかった。結局, 園から「引継ぎ」というかたちで要録を提出するとともに学校側と面談もした。もちろん, 事前・事後に両親にも報告した。

Nくんは地域の小学校の普通学級に入学した。その後参観にいくと, 相変わらず少し他の子と違ったところはあるが, 自分で自分を調整する力も育っているようで, 保育所時代のような大パニックはないようだった。年齢による成長かなと思った。お母さんからも,「時々, たまってきたら家で発散してます。学校の先生も心得ていてくださるので, 助かります。園が引き継ぎをしてくださったことに感謝しています」というお話をいただいた。

演習 14

この事例から以下のことを考えてみよう。
① 子どもについての気づきを保護者（親）に伝えるときに，保育者はどんな配慮が必要でしょうか。
② この事例では専門機関にはつなぎませんでしたが，「専門機関とつなぐ」ということにはどういう意味があるか考えてみよう。

◎コラム：「共に育つ」ということ

　私が勤務している保育所では，永年にわたりさまざまな"障がい"のある子を受け入れてきた。また，何人かの「気になる子」にも出会った。今でこそ発達についての研究が進みたくさんの参考文献も出ているが，初めの頃は対応方法も手探りであり，保育体制も決して十分とはいえず，保育者は日々悩み，葛藤を繰り返してきた。そういう子に出会うたびにあらためて子どもの発達や保育の手立てについての学習をする必要にもせまられ，保育という仕事の責任と奥深さを感じた。一言で言えば「大変」なことなのだが，この子たちとの日々を振り返るとき，決して負担感は残っていない。それは，「共に育った」子どもたち・保護者・そして保育者の姿があるからである。

　障がい児の保護者の方は「わが子のために」と通所先を探される。受け入れ先もまずは「その子にとって」を考える。日々がどの子にとっても豊かであるようにと願う保育者は，意識せずとも自己研鑽を繰り返していることになる。「どの子にとっても」という思いが保育姿勢に表れ，クラスの子どもたちの中に「いろんな人がいてあたりまえ」という感覚が育ち，援助を含むかかわり方を自然に身につけていく。保護者集団は特別な説明を受けずとも「なんらかの援助の必要な子」を身近に感じ，いつの間にか応援のまなざしをもつにいたる。同じ保育所で育つ子どもの親同士という対等な関係ができ，「～をしてあげる」「特別にお世話になる」という構図ではなくなっている。いわばノーマライゼイションの姿がそこにある。

　白い杖を持った人が通れば道をあけ，車いすの利用者が段差で困っていればごく自然に手を差し伸べる，そういう卒園児の姿をしばしば見るにつけ，小さいときからいろいろな人と共に育ったことの意味を感じる。そして，保育者自身が，保育者としてよりも「人として」教えられたことの大きさを思う。

　「共に育ち，共に生きる」ことがあたりまえの社会でありたい。

■参考文献

1) 田口知美「子育て支援の課題と具体策」, 浅井春夫編著『シードブック　子ども福祉』, 建帛社, 2007
2) 厚生労働省「子ども虐待による死亡事例等の検証結果等について(第6次報告)」(社会保障審議会児童部会児童虐待等要保護事例の検証に関する専門委員会), 2010
3) 望月彰「今保育に求められる地域活動」, 季刊保育問題研究220号, 新読書社, 2006
4) 服部敬子「子どもの『今』をとらえる視点と集団づくりの課題」, 全国保育問題協議会編『人と生きる力を育てる』, 新読書社, 2006
5) 鈴木佳子・堀内里子「寄り添うことの難しさ」, 季刊保育問題研究198号, 新読書社, 2002
6) 朱い実保育園職員会「人とかかわる力をどう育てるか」, 季刊保育問題研究177号, 新読書社, 1999
7) 遠藤明代「聞こえますか子どもの叫びが, 受けとめていますか子どもの痛みを, そして, 大人は繋がりあっていますか！」, 季刊保育問題研究208号, 新読書社, 2004
8) 田中明子「いま求められている内容とは何か」, 現代と保育53号, ひとなる書房, 2001
9) 小林英義「児童福祉施設の役割とその機能」, 浅井春夫編著『シードブック　子ども福祉』, 建帛社, 2007
10) 徳岡博巳「虐待問題を抱えた母子への支援」, 相澤譲治編『新版保育士をめざす人のソーシャルワーク』, みらい, 2005

さくいん

え
エコマップ……………………………60
エンパワメント………………………80

か
カウンセリング………………………56

き
虐　待………………………… 28，127
救貧法…………………………………5
教育委員会…………………106，112
共感的理解……………………………51
キリスト教青年会…………………… 5
記　録…………………………86，91

く
クライエント…………………………18

け
ケアマネジメント……………………55
計　画…………………………85，88

こ
子どもの最善の利益…………48，49
コミュニティワーク…………………54
コンサルテーション…………………56

さ
里親………………………………… 112

し
ジェノグラム…………………………60
慈善組織協会………………………… 6
市町村保健センター………………105
児童委員……………………………112
児童家庭支援センター………… 38，106
児童相談所……………102，109，111
社会活動法……………………………54
社会資源……………… 20，27，113
社会福祉運営管理……………………55
社会福祉協議会……………………106
社会福祉計画法………………………55
社会福祉調査法………………………55
障害児等療育支援事業……………110
女性相談所…………………………107
人権の尊重……………………………46
診断主義ケースワーク……………… 9

す
スーパービジョン……………………56
ストレングス…………………………81

せ
生活の理解……………………………49
セツルメント運動…………………… 7
全国児童養護施設協議会倫理綱領……43
全国保育士会倫理綱領…………41，98

そ

- ソーシャル・アクション……………54
- ソーシャル・ウェルフェア・アドミニストレーション……………………55
- ソーシャル・ウェルフェア・プランニング………………………………55
- ソーシャルワーカー………………20
- ソーシャルワーク実践の過程………57
- ソーシャルワーク・リサーチ…………55

に

- ニーズ…………………………………19

は

- 配偶者暴力相談支援センター……… 107
- バイスティックの7つの原則…………24

ひ

- 評　価……………………………86，96

ふ

- 福祉事務所……………… 104，109，111
- 婦人相談所……………………… 107

ほ

- 保育士……………………………36，108
- 保育所保育指針……………………37，39
- 保育の記録………………………………86
- 保育の計画………………………………85
- 保育の評価………………………………86
- 保健所…………………………………105
- 保護者支援………………………………87

ま

- マズロー, A.H. ……………………19

み

- 民生委員…………………………… 112

よ

- 欲求階層説………………………………19

り

- リッチモンド, M ………………8，33
- 倫理綱領…………………………………41

執筆者・執筆担当

〔編著者〕

植田　章	佛教大学社会福祉学部教授	序,第1章,第2章,第3章

〔著　者〕(50音順)

射場美惠子	佛教大学社会福祉学部非常勤講師	第7章1．2．
大西　雅裕	神戸女子大学文学部教授	第6章4．
岡本　晴美	広島国際大学医療福祉学部准教授	第4章,第5章
杣山貴要江	兵庫大学生涯福祉学部教授	第6章2．3．
林　悠子	佛教大学社会福祉学部講師	第6章1．
山本　衣子	佛教大学社会福祉学部非常勤講師	第7章3．

シードブック
相談援助演習

2011年（平成23年）9月5日　初版発行
2014年（平成26年）9月10日　第2刷発行

編著者　植　田　　　章
発行者　筑　紫　恒　男
発行所　株式会社 建 帛 社
　　　　　　　　　KENPAKUSHA

〒112-0011　東京都文京区千石4丁目2番15号
　　　　　TEL　(03) 3944-2611
　　　　　FAX　(03) 3946-4377
　　　　　https://www.kenpakusha.co.jp/

ISBN978-4-7679-3291-0　C3037　　　　　　　　教文堂／田部井手帳
©植田章ほか，2011.　　　　　　　　　　　　　　　Printed in Japan
（定価はカバーに表示してあります）

本書の複製権・翻訳権・上映権・公衆送信権等は株式会社建帛社が保有します。
JCOPY〈(社)出版者著作権管理機構　委託出版物〉
本書の無断複写は著作権法上での例外を除き禁じられています。複写される
場合は，そのつど事前に，(社)出版者著作権管理機構（TEL 03-3513-6969,
FAX 03-3513-6979, e-mail:info@jcopy.or.jp）の許諾を得て下さい。